Alpechuchi

Alpechuchi

Martin Bienerth

FONA

Vierte Auflage 2012

www.fona.ch

Lektorat | Léonie Schmid

Sagen | «Das Schneemehl», «Der Lehenszins», «Die verfluchte Milch», «Die Rache des Zwerglein», «Alpmueter», «Wie Sennen das Süßkäsen lernten»; Curt Englert, aus «Vo chlyne Lüte», Zbinden Verlag, Dornach

Gestaltung | FonaGrafik, Petra Niederberger

Foodfotos | Claudia Albisser, Basel (Seiten 135, 169, 171), Dave Brüllmann, Zumikon (Seiten 93, 95, 103, 119, 121, 123, 125, 127, 155, 165), Martin Hemmi, Zürich (Seiten 145, 147), König & König, Zürich (Seiten 111, 131, 142, 151, 153), Jules Moser, Bern (Seiten 101, 105, 107), Andreas Thumm, Freiburg i. Br. (Seiten 97, 99, 109, 113, 115, 129, 133, 137, 139, 141, 149, 157, 159, 161, 163, 167, 173, 175, 177, 179), Parick Zemp, St. Erhard (Seite 180)

Bilder Einführung | Martin Bienerth, Andeer
Blütenbilder Seite 18 bis 21:
Beat Ernst, Basel (5, 6, 7, 9, 10, 11, 14),
www.schweizerflora.ch (1, 2, 3, 4, 8, 13, 15)

Titelbild Umschlag | Markus Dlouhy, München

Porträtbild Autor | Yannik Andrea, Filisur

Rezepte | Erica Bänziger, Jacky Donatz, Irma Dütsch, Aargauer Landfrauen

Druck | Druckerei Uhl, Radolfzell

ISBN 978-3-03780-420-9

Rezepte

Suppen

Kleinigkeiten

Hauptspeisen

Desserts

Kuchen und Wähen

Kuchen und Cakes

Grundrezepte

Wo nicht vermerkt, sind die Rezepte
für 4 Personen berechnet.

Abkürzungen			
EL	gestrichener Esslöffel	dl	Deziliter
TL	gestrichener Teelöffel	ml	Milliliter
		Msp	Messerspitze

Vorwort

Jeder Weg auf die Alp ist anders

Es wäre spannend zu erfahren, welche Bilder sich zum Thema Alp in unseren Köpfen tummeln. Der Alp-Traumbogen reicht von der vollkommenen Verklärung, zu der nur Unterländer fähig sind, über die tief sitzende und zeitweise fast schmerzliche Sehnsucht der Älpler selber bis zum wirtschaftlich denkenden Bauern, der froh ist, nicht selber auf der Alp bleiben zu müssen, wenn er im Sommer mal Käse holen geht oder Brot und Gemüse hinaufbringt. Die Vorstellungen von der Alp sind so zahlreich, wie es Alpen und Menschen gibt.

Futter: Das Schlüsselwort passt für Mensch und Tier. Unsere Nutztiere sollen mit dem allerbesten Futter ernährt werden, damit wir Menschen hochwertige Nahrung erhalten in Form von Milch und daraus hergestellten Produkten wie Butter und Käse sowie gesundem Fleisch. Es soll auch «Futter» sein für das in uns, das sich mit den bevormundenden Bedingungen der industrialisierten Welt nicht zufrieden gibt. Alles hat seinen Ursprung im Naturerlebnis in der alpinen Landschaft mit der Weidehaltung, wo Mensch und Tier eng zusammenleben. Ein weiter Himmel, die ganze Kraft der Sonne, ein überwältigendes Sternenmeer, wenn man aus der Alphütte heraustritt. Im Alpnen haben die Berge so manche Mythen für uns aufbewahrt.

Der Wandel, der in den vergangenen vierzig Jahren stattgefunden hat, hat zwei Seiten: Die Tradition der eingeborenen Älpler, die z'Alp gehen, ist gebrochen worden; viele Familien gehen nicht mehr selber auf die Alp, sondern schließen sich zu Alpgenossenschaften zusammen und übergeben ihre Tiere einem Alpbetrieb. Und dieser Betrieb wird oft nicht mehr von Einheimischen oder Bauern geführt, sondern von Menschen, die die Welt verändern wollten und dann bei der Kuh gelandet sind. Vielleicht, weil sie es ist, welche die größte Revolution eingeleitet hat: die Möglichkeit zur Sesshaftigkeit des Menschen. Jetzt ist das Alpnen das letzte Stück Nomadentum, das blieb. Dem Gras nachwandern. Von unten im Tal hinauf in die Höhen. Von einer abgegrasten Weide zur nächsten. Nie ganz sesshaft, stets mit den Gedanken irgendwo da oben zu sein, wo Bergdohle oder Adler in absoluter Freiheit ihre Kreise ziehen …

Archaisch. Das bleibt vermutlich immer so. In unseren Genen ist die ganze Geschichte der Menschheit und vielleicht auch die der Tiere gespeichert. Die Berge nehmen darin einen ganz besonderen Platz ein. Und dem Leben mit den Tieren da oben, hoch über dem Lärm des Alltags, bleibt ein wenig Magie eigen. Davon erzählen nicht nur die altüberlieferten Geschichten, in denen es oft genug ans Lebendige geht. Wer zur Alp kommt, den packt es mit Haut und Haar. Seine Hände und seine Seele werden nicht mehr dieselben sein, wenn er im September wieder zu Tal wandert.

Der Autor Martin Bienerth ist ein Glücksfall: Den Agronomen aus dem Allgäu hat es auf verschiedene Schweizer Alpen verschlagen; zwanzigmal war er oben, bis er mit seiner Frau, der Käsemeisterin Maria Meyer, eine verwaiste Käserei im Tal übernommen hat. Er war alles, Hirte und Käser und Koch – und alles mit Leidenschaft, weil er die Tiere und die Natur liebt und weil er selber so gerne isst.

Für gutes Futter auf der Alp sorgen denn auch die Rezepte in diesem Buch. So viele Alpen, wie es gibt, so viele Realitäten gibt es. Es ist deshalb kein Leichtes, eine Rezeptsammlung zusammenzustellen, die gesamthaft auf jeder Alp durchgekocht werden kann. Manchmal hat es einen Backofen, manchmal nicht. Manchmal ist Fleisch und frisches Gemüse da, manchmal nicht. Die einen haben einen kleinen Garten angelegt, bevor die Kühe hoch gekommen sind, andere leben von Bratwurst und Beutelrösti. Nicht alle haben Hühner …
Die Rezeptauswahl sollte aber für alle etwas Verlockendes bereithalten. Und wenn es auf der Alp nicht zubereitet werden konnte, so nimmt man die Lust darauf vielleicht beim Alpabzug mit hinunter ins Tal, wo dann ein Rezept an einem gemütlichen Abend auf den Tisch kommt. Und für alle, die vom Alpnen bloß träumen, hält das Buch eine Fülle an Rezepten und Geschichten bereit, in denen es um Milch, Rahm, Butter, Ziger und Käse geht, dem, was es auf einer Alp in Hülle und Fülle gibt.

Eva-Maria Wilhelm

Zuhause auf der Alp

Die Alpenküche

So ein Alpsommer möchte gut geplant sein, wenn es ums Essen geht. 16 Stunden Arbeit jeden Tag, viel frische Luft und viel Bewegung, das macht hungrig und viel, viel Appetit.
Früher, so sagt man, gab es Polenta mit Käse, Teigwaren mit Käse, Polenta mit Teigwaren, alles mit Milch und Schnaps und dann alles wieder von vorn… Das ist sicher etwas übertrieben, aber so ungefähr in diese Richtung ging es: kein Fleisch, kein Obst, kein Gemüse.
In meiner Alpzeit versuchte ich stets, mindestens einmal am Tag eine warme Mahlzeit zuzubereiten, oft einen Dreigänger, Kartoffeln, Reis, Teigwaren, Gemüse und Fleisch oder Eier. Aufläufe mit Käse und Rahm überbacken waren kochtechnisch immer möglich, so auch Eintöpfe oder Gemüsesuppen mit Wurst oder Fleisch.
Die Vorbereitungen für die Alpenküche beginnen bereits im Herbst, dann, wenn all die Herbstfrüchte reif und für die Vorratshaltung verarbeitet werden. So verlängert sich die Alpzeit kulinarisch in den Winter hinein.

Vorräte für die Alp

Holunderbeersaft

Im Frühling, wenn der Holunder blüht, ziehen wir wie jedes Jahr auf die Alp. Wenn der Holunderstrauch blaue Beeren trägt, wird auch die Alpzeit zu Ende sein. 100 Tage vergehen bis zur Reife der Holunderbeeren. So lange dauert also auch der Alpsommer. Danach wird die Alp eingewintert und sie versinkt in einen neunmonatigen reinigenden Winterschlaf. Wir ziehen von der Alp ins Tal hinunter.

Es ist September, wie jedes Jahr. Zu Hause ist der Garten nach der Alpzeit verwildert, die Tage sind schon ziemlich kurz, die Nächte werden kühler, Zeit, um den Ofen anzuheizen. Überall in der Umgebung wächst Holunder. Die Dolden müssen gepflückt werden, bevor die Beeren überreif zu Boden fallen. In meiner kleinen Küche stehen Körbe voll mit gesammelten Holunderbeerdolden. Bis spät in die Nacht hinein steht der Entsafter auf dem Herd, viele Abende verbringe ich so mit der Herstellung von Holdersaft. Zwei bis drei Kisten Holundersaft müssen jedes Jahr den Winter überleben, weil sie auf die Alp gehen dürfen, wo der Saft ein wertvolles Arzneimittel ist bei Fieber oder einfach so getrunken wird. Apfelschnitzchen, die zum Entsaften den Beeren beigegeben werden, nehmen dem Holundersaft den erdigen Geschmack und viel Zucker oder Honig machen ihn hundertprozentig haltbar.

Apfelschnitze

Auf meinem Kachelofen steht ein Holzgestell, auf dem ich Äpfel trocknen kann. Fünfzehn ganze Äpfel, geschält, geviertelt, entkernt und in Schnitze geschnitten, kann ich da aufs Mal trocknen, ohne Strom, den ganzen Winter hindurch, wenn ich wollte, doch irgendwann sind die Stoffsäckchen voll, meine Lust zu Ende und die Apfelvorräte auch. Am liebsten habe ich die «Brettacher», das sind feste Äpfel mit einer zitronigen Säure und schönem Fruchtfleisch, das beim Schneiden nicht bricht und nach dem Trocknen dennoch süß ist. Wunderbar. Die Fruchtschalen trockne ich ebenfalls. Aufgekocht in Wasser ergeben sie einen heißen Apfelsaftersatz, ebenfalls empfehlenswert bei Fieber.

Pilze

Sich bei Morgendämmerung im Herbst im Wald und an Waldrändern herumzutreiben, das ist fast so schön wie Kühe holen auf der Alp. Ich kenne meine Plätze genau, weiß, wo die Pilze versuchen, sich vor mir zu verstecken, doch das nützt ihnen nichts. Ich finde sie, und nicht einmal wenige: Steinpilze, Maronen, Schirmpilze, Champignons, jedoch keine Pfifferlinge/ Eierschwämmchen, die gibt es in meiner Umgebung leider nicht.
Im Wald werden die Pilze mit dem Messer schon fein säuberlich geputzt und zu Hause dann getrocknet. Viele Blechdosen füllen sich so jeden Herbst, einige dürfen jedes Jahr mit auf die Alp.

Fleisch

November und Dezember sind Schlachtmonate. Die Alpschweine sind ausgemästet, sie haben genug Gewicht und kommen unters Messer. Oder ein Rind, das nicht gut geraten ist auf der Alp, wird ebenfalls geschlachtet.
Nun gilt es, die Einmachgläser in der Küche zu «versammeln». Fleischstückchen von unterschiedlichen Teilen werden angebraten und in Einmachgläser geschichtet, einmal ohne und einmal mit Gemüse wie Knoblauch, Zwiebeln, Karotten, Kraut und Sellerie, das Ganze wird mit Gemüsebrühe oder Salzwasser aufgefüllt. Fast alles hat Platz, dem «Spielergeist» sind kaum Grenzen gesetzt. Die gefüllten Gläser werden sterilisiert. Man muss die Gläser im Winter stets beobachten. Wenn ein Glas nicht gut schließt, gehört der Inhalt auf den Kompost.
Für einen gehaltvollen Fond werden Knochen mit Gemüse (Bouquet garni) gekocht und dann in Flaschen oder Gläsern haltbar gemacht. Der Fond ergibt eine wunderbare Alpensuppe mit vielen wunderbaren Alpenkräutern, für wunderbare Alpenabendstunden in wunderbaren … fertig mit wunderbar, es ist einfach viel Arbeit, wenn man auf der Alp nicht jeden Tag oder nicht einmal jede Woche einkaufen gehen kann. Es ist viel Vorbereitungsarbeit, wenn man einen Sommer lang eine aromenreiche Küche genießen will.

Kräutertee

Unsere Alpen sind mehrheitlich gut erschlossen. Fahrwege, mehr oder weniger gut ausgebaut und unterhalten, schlängeln sich durch die Bergwelt. Und entlang oder am Ende der Wege liegen Alpbetriebe, Berghütten und Restaurants. Und wenn es ums Trinken geht, überall das gleiche Bild, stapelweise Kisten voll Bier und Wein, Cola oder gar Mineralwasser. Wir haben uns weit davon entfernt, Gutes aus der Umgebung zu genießen. Kräutertee ist out, das ist nur was für Kranke, und das sind in der Regel die anderen.

Ich liebe Milch, und wenn ich sehe, was meine Kühe den ganzen Tag fressen, freue ich mich umso mehr auf ein Glas. Doch zu viel Milch macht träge. Mein wichtigster Flüssigkeitsspender ist Tee, Kräutertee, und das seit Jahren. Wenn ich mit den Tieren unterwegs bin, trage ich stets ein Kräutersäckchen auf mir. Das Sammeln geht nebenher, hier eine Blüte, da ein paar Blätter, und wie nach dem Sammelprinzip des Eichhörnchens kommt am Ende eines jeden Tages eine beträchtliche Menge zusammen, am Alpende gar so viel, dass ich im Winter nie um Weihnachtsgeschenke verlegen bin.

Ein Stück gereifter Alpkäse ist für mich gesammelte Sommerenergie pur. Sein Aroma bestimmen die vielen verschiedenen Pflanzen, die sich die Kühe auf den Bergweiden aussuchen können. Ähnlich ergeht es mir auch mit meinem Kräutertee. Die Sonne bewirkt, dass die Blüten duften und die Blätter einen angenehmen Geschmack haben.

1

2

3

Getrocknet und in der kalten Jahreszeit heiß aufgegossen, kann ich Schluck für Schluck ein wenig Sommersonne genießen.

Was die Kühe fressen, wenn sie aus einer Vielzahl verschiedenster Futterpflanzen auswählen können, kann für uns Menschen eigentlich nicht schädlich sein. Den Gedanken hatte ich stets, wenn ich neben meinen Kühen Pflanze für Pflanze pflückte und in den Stoffsack steckte. Nur was ich selbst bereit bin, in den Mund zu nehmen, sollte ich auch meinen Tieren zumuten und anbieten.
Futter, vor dem sich unser Auge, unsere Nase und unsere Zunge ekeln, hat auch in der Kuh nichts verloren.
10% Rohprotein, 3% Rohfett, 23% Rohfaser und 37% stickstofffreie Extraktstoffe und Wasser ergeben zum Beispiel ein Alpenrispengras. Das sind tolle Werte, doch was nützt das alles, wenn es die Kuh nicht frisst? Kühe haben einen ausgesprochenen Sinn für Geschmack, was jedoch nicht über Analysen erfasst werden kann, weil ja bekanntlich die Geschmäcker verschieden sind. Und doch kann man Tendenzen ausmachen. Ob eine Pflanze gefressen wird oder nicht, ist abhängig vom gesamten Futterangebot. Diese Erfahrung hat auch Barbara Sulzer gemacht, die einen Sommer lang Kühe auf der Alp Riein beim Fressen beobachtet hat. Sie stellte fest, dass die Tiere Leguminosen bevorzugen, gefolgt von Kräutern und Gräsern. Zwergsträucher waren erst an der Reihe, wenn nichts anderes mehr zu finden war.

Bei den Kräutern sind Unterschiede feststellbar. Es gibt Tiere, die meiden gewisse Kräuter fast gänzlich, andere fressen die gleichen täglich. Wenn die Kühe einige Tage über der Baumgrenze zum Weiden waren, stürzen sie sich zum Beispiel beim Weidegang in die Buschzone auf das Laub der Alpenerlen.
Es gibt Tiere, und es sind stets dieselben, die fressen den Germer, obwohl er als sehr giftig eingestuft wird. Wieder andere zermalmen genüsslich verholzte Stängel des Gelben Enzians oder vertilgen den Alpenampfer.

Was das Vieh frisst und der Mensch trinkt

1 | Trifolium badium

Braunklee (Goldklee, Kastanienklee, Hopfenklee)
Versamt stark und siedelt sich sehr gerne an verwundeten Stellen der Alpweiden an, auf offenem Boden, auf Geröll.

2 | Trifolium alpinum

Alpenklee (Bergsüßholz, Hühnerfuß)
Der Alpenklee ist eine der «milch- und butterreichsten» Pflanzen. Das aromatische Kraut strömt bei sonnigem Wetter einen feinen Wohlgeruch aus. «Wo es gesellig wächst, wird die Luft förmlich gesättigt mit seinem balsamischen Duft, so dass der Wanderer mit Wonne in dieser herrlichen Umgebung verweilt» (Stebler, 1889).

4

5 | 6

7

3 | Crepis aurea

Goldpippau (Rinderblume, Rahmblume, Goldblümchen)

In einer Vorlesung über die Kultur der ‚Küh-Alpen' schrieb R. Kasthofer im Jahre 1818: «Die Alpenkräuter, denen vorzüglich die größere Fettigkeit der Alpenmilch und ihr reicherer Ertrag nach allgemein übereinstimmendem Urtheil der Hirten zugeschrieben wird, sind die Muttern, das Adelgras, das Goldblümchen (Leontodon aureum) und dann der Thaumantel.»

4 | Ligusticum mutellinum, Phellandrium mutellina

Muttern

Die Pflanze ist eher unscheinbar, weil sie keine große farbige Blüte hervorbringt. Dennoch gehört sie zu den Pflanzen im Alpenraum, die bei den Bergbewohnern am bekanntesten sind.
Eine große Menge Volksnamen sind überliefert: Mutterä, Mutternä, Mutteri, Mutteli, Mutterklee, Müettenwurz, Müettewürz, Mutterina, Muttelina, Muteline, Mutterkraut, Bedaun, Pedaun, Gobritz, Bärwurz, Bierwurzel, Köpernickel, Niedelbrod, Herzwurz, Bärendill, Bärenfenchel, Gamskraut.
Camerarius (1590: «Dieses Kraut isst das Vieh gar gern und gebe es gar gute Milch davon.»
Johann von Muralt (1715): «Wird sie den Kühen im Futter zu Theil, so geben sie viele und gute Milch.» Albrecht von Haller (1768): «Die Güte der Weide wird vorzüglich nach der Häufigkeit dieses Krautes beurtheilt.»

5 | Alchemilla vulgaris

Frauenmantel (Thaumantel, Mänteli, Wasserträger, Sindau, Kleine Alchimistin)

Dieses Kraut gehört getrocknet zu den besten Futterpflanzen der Alpen. Von den Kühen wird es vorwiegend im jungen Stadium gern gefressen. Wenn gegüllt wurde, wächst es sehr stark, wird dann aber vom Vieh gemieden. Die Pflanzen lieben Feuchtigkeit. Im Hochsommer findet man sie sehr frisch und mastig in kleinen Senken, in denen eben der Restschnee geschmolzen ist. Wegen des Gerbstoffgehaltes wirkt er harntreibend, desinfizierend und zusammenziehend.

6 | | Alchemilla alpina

Silbermantel (Alpenfrauenmantel)

Der Volksmund schreibt dem Silbermantel eine stärkere Heilkraft zu als dem Frauenmantel, welcher schon berühmt ist für sämtliche Unterleibserkrankungen. Die Kühe meiden die Pflanze.

7 | Anthyllis vulneraria

Wundklee

Die Kühe lieben die Leguminose. Der Mensch hat den Teeauszug von alters her als Wundheilmittel verwendet. Der Tee ist zudem blutreinigend und adstringierend (zusammenziehend und krampflösend).

8

9

10

8 | Achillea moschata

Moschus-Schafgarbe (Iva)

Im Alpenraum ist der aus der Pflanze hergestellte Likör bekannt. Als Tee schmeckt die Pflanze würzig-aromatisch.

9 | Antennaria dioica

Katzenpfötchen

Die Pflanze wirkt antiseptisch, sie fördert den Auswurf, sie wirkt erweichend, fiebersenkend, gallentreibend, wundheilend, hustenlindernd.

10 | Solidago virgaurea

Echte Goldrute

Die Pflanze wirkt zusammenziehend, auswurffördernd, entzündungshemmend, harntreibend, wundheilend.

11 | Thymus serpyllum

Thymian

Antiseptisch, auswurffördernd, blutstillend, harntreibend, krampflösend, tonisierend, windtreibend.

12 | Tussilago farfara

Huflattich

Auswurffördernd, blutreinigend, erweichend, schweißtreibend, beruhigend, einschlafernd.

13 | Achillea millefolium

Schafgarbe

Die Pflanze wirkt antseptisch, krampflösend, blutstillend, adstringierend, tonisierend, sie reguliert die Menstruation, sie ist stoffwechselanregend, appetitanregend, blutbildend, wundheilend, schmerzstillend, magenkräftigend.

14 | Cetraria islandica

Isländisch Moos

Die Pflanze wirkt antiseptisch, appetitanregend, erweichend, krampflösend, tonisierend, schleimlösend, hustenmildernd, stoffwechselfördernd.

15 | Epilobium angustifolium

Schmalblättriges Weidenröschen

Wundreinigend, adstringierend, erweichend, blutstillend.

Kräuterteezusammensetzung

Frauenmantel (alle Teile) | Silbermantel (alle Teile) | Wundklee (Blüten) | Braunklee (Blüten) | Goldpippau (Blüten) | Alpenklee (Blüten) | Schneeklee (Blüten) | Katzenpfötchen (Blüten) | Goldrute (Blüten) | Schafgarbe (alle Teile) | Veilchen (Blüten) | Brennnessel (alle Teile) | Iva (alle Teile) | Huflattich (alle Teile) | Alpenrose (Blüten) | Storchenschnabel (Blüten) | Blaubeerblätter | Himbeerblätter | Weidenröschen (Blüten) | Thymian (alle Teile)

11

13

12

14

15

Das Schneemehl

Hoch oben an der Jungfrau zwischen Giessen- und Guggi-Gletscher war vor grauen Zeiten ein schmuckes Bergdörflein inmitten von grünen Matten und braunen Äckern. Ein Bergmannli, vom Volk nur der Knopfli geheißen, trieb den hablichen Bauern allmorgen die glöckelnden Geißen aus, und allabend brachte er sie mit prallen Eutern heim. Aber die kargen Bauern gaben ihm am Ende des Sommers nur ein paar Mütt Korn zum Lohn, so geizig waren sie. Der Schlimmste von allen war der Müller, der trieb es so arg, dass er jeden, der ihm Korn zu mahlen brachte, schon beim Wägen betrog. Und so fein machte er es, dass es keiner inne wurde, und obendrein noch lieferte er nicht den vollen Ertrag an Mehl ab.
So kam denn wieder einmal im Herbst der Knopfli mit seinem vollen Kornsack zur Mühle, dem sauer erworbenen Lohn für die Mühe des Jahres. Der Müller tat, wie gewohnt, und weil's bloß der Knopfli war, gab er ihm einen Sack mit Mehlstaub zurück. Das Mannli sagte weder ja noch ha, ging davon und stieg leicht wie ein Gemsi zum Gipfel der Jungfrau hinauf, die damals bis oben mit melchigen Weiden bedeckt war. Dort drehte er sich um und rief so laut, dass man's unten allerorten hörte, wie wenn's ganz nahe wäre: «Nimmer mahlt der Müller mehr Mehl!», und mit dem schüttete er den Sack voll Mehlstaub über das Tal aus. Und nun fegte Tag und Nacht ein wirbelnder Schneesturm durch die Lüfte und deckte die üppigen Triften und fetten Gebreite fluhhoch für immer zu.

Mein Alpengarten

Das Wichtigste bei einem Alpengarten ist der Zaun. Kühe, manchmal auch Schweine, aber vor allem die Hühner zerstören einem sonst das Wenige, was mit so viel Liebe gesät oder gepflanzt wurde. Das Zweitwichtigste bei einem Alpengarten ist nach meinen Erfahrungen eine oder mehrere Decken ganz in der Nähe des Gartens. Heftigen Platzregen oder Hagel gibt es recht häufig auf über 2000 Meter Höhe, und das ist ebenso schlimm, wie wenn Schweine in den Garten gelangen. Mit den Decken kann ich sehr schnell reagieren, wenn ich denn die Wetterkapriolen nicht verschlafe.

Es ist von Vorteil, den Alpengarten immer an der gleichen Stelle anzulegen. Zur Anreicherung des Humus und als Dünger verwende ich Kuhfladen vom letzten Jahr. So ein überjähriger Fladen stinkt nicht, sondern er riecht angenehm würzig und dient als Humuslockerer und Nährstofflieferant. Somit braucht es auch keinen Komposthaufen, der sowieso nur die Fliegen anzieht. Alle organischen Abfälle bekommen die Schweine.

Grundsätzlich kann man sagen: Vieles, was unten im Tal sehr schnell und früh wächst, das gedeiht auch auf der Alp.

Rhabarber

Rhabarberwurzeln, einmal im Boden, sprießen Jahr für Jahr. Die Stängel sind immer gut für ein erfrischendes Dessert.

Maggikraut

Ähnlich wie mit dem Rhabarber verhält es sich mit dem Maggikraut. Sind die Wurzeln vergraben, sprießt das Kraut jedes Jahr und ist mit seinem kräftigen Geschmack eine ideale Würze für Suppen und Kräuterquark. Oder einfach frisch auf dem Butterbrot … herrlich!

Schnittlauch

Eine mehrjährige Gewürzpflanze ist auch der Schnittlauch, der immer gedeiht und auf der Alp ab und zu auch wild vorkommt. Nur, beim Kochen ist es schon praktisch, wenn die «Küchenhilfen» nicht allzu weit entfernt sind oder man nicht auf den Hirten warten muss, der den Schnittlauch vielleicht vergessen hat. Also: ein Plätzchen im Garten für den Schnittlauch.

Radieschen

Unter allen Sämereien, welche ich auf der Alp ausprobiert habe, waren Radieschen meine Lieblinge. Sie keimen schnell, wachsen schnell und man kann bei gutem Wetter schon nach drei bis vier Wochen ernten. Brot, auch altes, kurz geröstet, frische Alpbutter, ganz frische sogar, ein Radieschen, fein geschnitten, mit Salz bestreut, Augen zu: eine Gaumenexplosion ohne Gleichen!

Petersilie

Auch die Petersilie durfte in meinem Alpengarten nie fehlen. Vier schon kräftige Pflanzen im Topf aus dem Tal reichen für den Sommer. Sie müssen jedes Jahr erneuert werden, denn im zweiten Jahr macht die Petersilie Blüten/Samen, was auch schön ist, aber als Kraut nicht taugt.

Schnittsalat und Erdbeeren

Beide Pflanzen wachsen sehr schnell, wenn es genug warm ist. Auch hier muss man Jungpflanzen mitnehmen. Der Garten sollte an einem warmen Ort sein, sonst wird nichts daraus. Wenn der Sommer nur Regen und Kälte bereithält, geht die Ernte gegen null. Bei Salat, Erdbeeren und Frischgesätem sind die Wolldecken willkommen. Nachts schützen sie die jungen Pflänzchen gegen «Erkältung» und allgemein vor Platzregen und Hagel. Auf manchen Alpen habe ich Fensterscheiben als Frühbeethilfen gesehen. Auch sie helfen, die Alpengartenernte ein wenig abzusichern.

Kresse

Zum Schluss die kleinste, beste, schnellste und darüber hinaus die gesündeste Würzpflanze: die Kresse. Einige Säckchen Samen, jede Woche eine neue Reihe ausgesät, das garantiert eine Ernte den ganzen Sommer lang. Die feine Kresse ergänzt Schnittlauch, Maggikraut, Radieschen, fein geschnitten oder gemixt. Mit Rahm verrührt, mit Salz und ein wenig Pfeffer abgeschmeckt – das sind frische kulinarische Alpfreuden!

Das Leben auf der Alp

Hirten – hüten – behüten

Ob der Ebene, halb zwölf. Vergangene Nacht hat es geregnet und gewittert, der Boden ist feucht. Der Hang ob der Ebene war meine Hüteidee, weil ich dachte, der Himmel reißt auf und das Gras wird trocken. Es kam nicht so, die Wolken blieben, das Gras war noch immer nass, es begann zu nieseln. Die Kühe fingen zu rutschen an. Ich habe mein Frühstück abgebrochen, wie so oft. Keine Kuh durfte mehr höher steigen, runtertreiben war ebenfalls zu gefährlich. Die Kühe mussten am Hang entlanglaufen, bis sie in Sicherheit waren. Ich ließ sie langsam zum Tobel laufen, nur begleitend, einige Kühe rutschten trotzdem. Eine der Kühe legte sich am Lawinenzug vor dem Tobel von Grava unterhalb des Schlangenwegs auf den Bauch. Als hätte ihr jemand die Füße weggerissen. Doch sie kam wieder auf die Beine.
Das Beobachten und Aufpassen war anstrengend. Es brauchte so viel Konzentration, ich spürte keinen Luftzug, obwohl ein kalter Wind ging. Ich merkte sie nicht, die Kälte, ich hatte eine innere Wärme und war sehr angespannt. Es fing stärker an zu winden und zu regnen. Ich brach das Hüten ab und trieb die Tiere in Sicherheit.
Dieses Jahr kugelten sehr viele Steine von den Hängen in die Ebene hinunter, losgetreten von den Kühen. Es waren auch große Steine mit dabei. Einer würde reichen, einer am Kopf, und man ist tot. Ganz schnell, lautlos.
21 Uhr: Ambra hat zum dritten mal Penicillin bekommen, Dianara und Elvira je einen Klauenverband.

Tagebuch, Alp Rischuna

Gedanken zum Hirten

Das Wort «Hirt» und seine Bedeutung:

Indogermanisch: kerdh(o), germanisch: herdo, gotisch: hairdeis, altnordisch: hirdir, angelsächsisch: hierde, hirde, heorde, altsächsisch: hirdis, althochdeutsch: hirti, mittelniederdeutsch: hirt(e), herte (Louis Carlen, Das Recht der Hirten, 1970)

Die Verwandtschaft mit dem Wort «Herde» ist sehr augenfällig. Nach Jakob Grimm (1785–1863), dem Begründer der germanischen Sprach- und Altertumswissenschaften, waren die Hirten als die «bestellten hüter einer herde haustiere» definiert. Und im schweizerdeutschen Wörterbuch heißt Hirt sein «das Vieh zur Weide treiben und hüten».
Die Bewohner auf den Höfen von St. Martin in Graubünden benützen heute den Begriff «hirten» auch für das Versorgen des Viehs in den Ställen.

Zu diesen Stallarbeiten gehören misten, füttern, melken, tränken und striegeln.
Im deutschen Sprachgebrauch wird der Begriff «Hirt» auch im kirchlichen und weltlichen Bereich verwendet. Christus wird als Hirte bezeichnet, ebenso Geistliche wie der Pfarrer, der Bischof und der Papst.
Das «Hirtenbild» hat sich gewandelt. Seit Jahrzehnten zieht es auch Berufsfremde und Fremdländische auf die Alp. Richard Weiss, 1941: «Vielfach sind es Grundbesitzlose, die sich den Sommer über als Hirten und die übrige Zeit des Jahres als Taglöhner und Knecht durchbringen, manchmal auch geistig absonderliche oder beschränkte Leute, die sich in einer dumpfen Naturverbundenheit besser mit den Tieren als mit den Menschen verstehen, oder dann Einzelgänger, welchen die Alp willkommene Einsamkeit und Ungebundenheit bietet, gelegentlich auch allerlei Schwärmer, die in der Bergöde ungestört ihren Geschichten nachhängen können.»
Ausländer, Unterländer und Städter verbringen heute in großer Zahl einen oder mehrere Sommer auf den Alpen. Sie sind die Nomaden der Moderne. Sie brachten auch ihre Kultur auf die Alp. Sie sind Aussteiger, Einsteiger, Aufsteiger, wenn auch nur für drei Monate. Die wichtigste Veränderung meines Erachtens war und ist aber die Tatsache, dass die «neuen Älpler» Fragen stellen, die bisher so nicht gestellt worden sind. «Warum ist das so, wieso geht das nicht auch anders?» Alte Gewohnheiten und auch Werte werden hinterfragt.
Aus diesem Grund hat sich auf den Alpen auch einiges geändert. Es blieb einfach nicht mehr alles so, wie es einmal war. Mir fallen in diesem Zusammenhang einige Zeilen von Richard Weiss ein, mit denen er treffend die Situation der Hirten vor 70 Jahren beschrieb: «Die Wohnverhältnisse der Älpler tragen den Stempel urtümlicher Einfachheit. Man widmet ihnen wenig Sorgfalt; denn man rechnet damit, dass die Älpler bedürfnislos und abgehärtet genug seien, um diese Lebensweise zu ertragen, umso mehr, als sie sich auf ein Viertel des Jahres beschränkt.»
Heute gehört zum Standard einer modernen, großen Kuhalp, dass die ÄlplerInnen ein eigenes Bett haben, WC, fließend Kalt- und Warmwasser, Dusche und Waschmaschine. Zufahrtswege und Strom sind überwiegend zur Selbstverständlichkeit geworden, «Handys» zur pausenlosen Erreichbarkeit tauchen bei Hirtinnen und Hirten auf, und mancher Senn geht mit seinem «Laptop» in die Abgeschiedenheit. Apropos Einsamkeit! Dieser Wert geht vor allem durch die neuen Medien auch in den Bergen verloren, man kann ja hinter jedem Busch und Stein erreicht werden.

Gedanken zum Hüten

Im Wort «hüten» liegt auch das Wort «Hut». Ein Hut beschützt das, was darunterliegt. Ein Hirt muss also das schützen, was unter ihm liegt, und das ist seine Herde. Ein guter Herdenschutz besteht aus mehreren Elementen.
Zum Alpbeginn sind die Tiere, die auf einer Alp zusammenkommen, noch keine Herde, sind sie doch aus den verschiedensten Ställen, und in jedem Stall gibt es ein Leittier. Ein Hirt sollte also dafür besorgt sein, dass als Erstes aus einem

Tierhaufen eine Herde wird. Er selbst muss zum Leittier werden. Mit einer kräftigen Stimme aus dem Bauch, Konsequenz (beispielsweise stets der gleiche Platz im Stall beim Melken) und Rhythmus (beispielsweise immer zur gleichen Zeit nach Hause treiben) wird er dieses Ziel am schnellsten erreichen.

Entscheidungen treffen

Ein Hirt ist auch ein Unternehmer. In dieser Funktion muss er Entscheidungen treffen, etwa bei der Weideeinteilung für die ganze Saison: Das ist wichtig, damit das Vieh bis zum Ende des Sommers genügend Futter findet. Wenn die guten Futterplätze gegen den Herbst wegen einer falschen Weideeinteilung abnehmen, dann werden die Tiere versuchen, in gefährlichere Gebiete zu gelangen, um den Hunger zu stillen, was tödlich enden kann.
Weideeinteilung für den Tag: In Abhängigkeit vom Gesamtweideplan, von Wetter und Witterung (z. B. nasser Hang) sollte der Hirt immer wieder von neuem bestimmen, wo er mit den Tieren hin will. Er kann das Vieh nicht einfach laufen lassen.
Stündliche Entscheidungen: Wenn die Tiere zu einer bestimmten Zeit im Stall sein müssen, sollte der Hirt den Zeitraum kalkulieren können.
Bei einem plötzlichen Wetterwechsel muss er in der Lage sein, vorausblickend die Herde in sicheres Gebiet zu führen.
Entscheidungen im Moment: Und manchmal muss ein Hirt auch sehr spontan entscheiden, wenn er sieht, dass zum Beispiel ein Tier sich versteigt. Dann braucht es Fingerspitzengefühl, um die richtige Entscheidung zu treffen. Manchmal ist Nichtstun und Abwarten mehr wert als vorschnelles Handeln, manchmal genügt ein Stockwink, ein Schrei, ein Rufen oder auch nur die eigene Präsenz, um ein Tier zur Umkehr zu bewegen.

Gedanken zum Behüten

Behüten – bewahren – beaufsichtigen – beschützen – bewachen – betreuen – im Auge behalten – nicht aus den Augen lassen – nachsehen – sich kümmern – umsorgen – sorgsam behandeln …
Wenn ich die Begriffe, die alle gleichbedeutend für «Behüten» eingesetzt werden können, auf «meiner Zunge zergehen lasse», wird mir ganz anders. Es offenbart das weite Spektrum der Verantwortung des Hirten gegenüber seinen Tieren oder seiner Herde. Ein guter Hirt ist demnach einer, der diese Eigenschaften zu einem Großteil in sich trägt und daneben in der Lage ist, die körperlichen (viel Laufen bei Wind und Wetter), die geistigen (das Aushalten der Einsamkeit) und die seelischen Anstrengungen (wenn ein Tier verendet) einer Hirtschaft einen Sommer lang durchzustehen.
Für einen Hirten gibt es kaum ein schöneres Gefühl, als wenn er die Zufriedenheit seiner Tiere spürt. Und zufrieden sind die Tiere primär, wenn sie genug Futter, genug Wasser zum richtigen Zeitpunkt, ausreichend Salz und genügend Ruheplätze und Ruhezeiten haben.

Vom Hüten früher

Der richtige Hirte von 1903

Der richtige Viehhirt soll das seiner Obhut anvertraute Vieh von morgens früh bis abends spät unter strenger Aufsicht halten: auf der Weide, am Brunnen, im Stall, auf dem Weg vom Stall auf die Weide. Er muss wissen, ob jedes Tier seinen Hunger auf der Weide, seinen Durst am Brunnen gestillt hat. «Ein Hirt sollte seine Tiere Stück für Stück kennen», schreibt der Alphirt vom Schnebelhorn, «nicht nur nach Farbe und Größe, sondern nach allen ihren Eigenschaften, namentlich nach Gefräßigkeit (Staffelvieh oder nicht), Empfindlichkeit oder Widerstandskraft und nach Verdauungskraft (ob es anschlägt oder nicht). Er wird die Tiere zum Beispiel nie ins Freie lassen, ohne sie vorher im Stall aufgejagt und beim Misten beobachtet zu haben. Die Entleerung der Exkremente erfolgt immer kurze Zeit nach dem Aufstehen. Er wird die Entleerung abwarten, und wenn sich Unrichtiges (Dünnmisten, Blutharn usw.) zeigt, Abhilfe schaffen. Die Exkremente bleiben im Stall zurück und können so dahin befördert werden, wo die Düngung am nötigsten ist. Ein richtiger Hirte gewöhnt die Tiere an eine gewisse Zutraulichkeit, Anhänglichkeit und Gemütlichkeit. Mit Geduld und Liebe zur Sache kann ein solcher gar viel erreichen, was ein Zornmutiger nicht kann.»

Stebler, S.G., Alp und Weidewirtschaft

Der richtige Hirte von 1948

«30 Tage waren wir auf Guraletsch. Es waren die schönsten Tage für die Hirten. Wenn die Tiere oben waren, hatte der Hirt seine Ruhe. Die Hütte gab es damals noch nicht. Früher gab es nur halb so viele Alpenrosen wie heute. Anfang Sommer mussten wir die Kühe bis ganz weit nach oben treiben. Das war eine heiße Sache mit dem Grat.
Im Pruett ist man abends auch noch mal rauf. Da haben wir versucht, um 18 Uhr mit dem Melken fertig zu sein, und dann sind wir alle rauf, es mussten alle mit vom Personal. Die Kühe waren fast wie aufgehängt da oben an den steilen Hängen, und abends vor dem Dunkelwerden ging es nach Muledg Veder. Zusenn und Schweinehirt gingen mit. Es gab Kühe, die sind nicht hoch gegangen, andere stiegen wie die Gämsen. All die Jahre haben wir keine Kuh verloren, aber einmal auf dem Weg zum Guraletsch hat sich eine Kuh überschlagen.

Für Erwachsene, Senn, Zusenn und Großhirt war das Melken eine harte Arbeit. Wir zwei Buben, der Schweinehirt und ich, waren verantwortlich, dass die Kühe zusammenblieben.
Nach getaner Arbeit, zwischen 7 und 8 Uhr, gab es Frühstück: Polenta, Käsehörnli, lauwarme Milch direkt vom Euter, Brot, Butter und Käse. Gestärkt trieben wir zwei Hirten die Kühe auf die Tagesweide, die je nach Witterung mal höher und weiter, bei Regen unten im Wald war. Damals gab es ein ungeschriebenes Gesetz, dass die Kühe mindestens 30-mal nach Guraletsch bis auf 2400 m getrieben werden mussten. Für uns zwei Hirten und die Tiere ein anstrengender Aufstieg von ein bis zwei Stunden. Der Senn führte genau Buch über die 30 Tage. Der Aufstieg lohnte sich, denn einmal oben, konnten wir Hirten vier bis fünf Stunden faulenzen und den Schlaf nachholen.
So zwischen 16 und 17 Uhr kehrten wir mit den Kühen wieder zurück in den Staffel, denn die Euter waren durch das feine hochalpine Gras prallvoll. Dann gab's für uns zwei Hirten Mittagessen.
Das Melken am Abend war um einiges mühsamer als am Morgen, denn durch die Hitze, die vielen Bremsen, Mücken und Fliegen waren die Kühe sehr unruhig. Da kam es schon vor, dass ab und zu der Melkeimer umkippte und die Milch über den Staffel floss.
Zum Abschluss des Tages mussten wir zwei Hirten die Kühe auf eine Nachtweide treiben und hüten, bis sie so gegen 22 Uhr satt waren und sich im Muledg Veder zur Ruhe legten.
Für uns war nun ein 18-Stunden-Tag zu Ende und wir fielen müde ins Stroh.»

Wendelin Derungs, Hirt auf der Alp Rischuna

Der richtige Hirte von 1997

Von früh morgens bis spät abends schreitet der moderne Hirt am Zaun entlang. Unablässig gleitet sein wachsamer Blick über gespannte Drähte auf der Suche nach mangelhaften Stellen. Nie wird der Hirt die Hütte verlassen ohne Zaunprüfer, Zangen, Hammer, Locheisen, einige Isolatoren, Draht- und Zaunbandstücke und eine Anzahl Ersatzpfosten. Seine Kenntnisse über die Zaunmaterialien sind umfassend und auf dem neuesten Stand. Er unterscheidet zwischen Zäunen für Kälber, Rinder und Kühe. Tagaus, tagein denkt er darüber nach, wo noch neue Zäune vonnöten sind, sei es zur Sicherheit der Tiere, die Weidepflege oder um die Herde problemlos an einen gewünschten Ort leiten zu können. Kein Berg ist dem Hirten zu steil, kein Tobel zu tief, wenn es darum geht, einen Zaun zu erstellen. Ein guter Hirt kennt jedes Zaungerät, dessen Eigenschaften und Leistungen. Er wird weder eine zu große Zaunlänge wählen noch die Weide verlassen, bevor er das einwandfreie Funktionieren des Zaunes überprüft hat.
Der moderne Hirt braucht weder Stecken noch Hund. Er wird erst ruhen, wenn seine Tiere sicher zwischen den Drähten stehen. Er weiß, dass 6000 Volt mehr nützen als Hundegebell und ein doppelter Stacheldraht sicherer ist als ein Stock in der Hand des Hirten.
Vielleicht bleibt am nächsten Tag nach Kontrolle des Zauns Zeit, die Tiere näher anzuschauen.

Jörg Bäurle, Zaunbauer

Der Lehenszins

Ein hablicher Bauer aus Giswil war mit seinen dreißig loben Kühen ins Iwi zu Berg gefahren. Wie er nun mit dem Senntum im Vorsäß war, kam eines Tages ein Männlein mit langem weißem Bart und einem uralten Gesicht vom Giswylerstock herunter. Zwei Fuß hoch nur war es und hatte ein graues Gewändlein an, und auf dem Kopf trug es ein rotes Lederkäppchen, ein Lecktäschlein mit Viehsalz gefüllt über die Achsel herunter, in der Hand einen Hirtenstock. Gar freundlich grüßte der Zwerg, und gar schön bat er den Bauer, ihm doch eine Kuh auf den Sommer zum Lehen zu geben. Der Bauer, der das seltsame Männlein noch nie gesehen hatte, mochte der Sache nur halb trauen und schüttelte bedenklich den Kopf. Als aber das Mannli nicht nachließ zu bitten und betteln, da fiel es ihm ein, er habe ja noch ein mageres Kühlein, ein rechtes Blag, das schon den ganzen Frühling herumgeserbelt und bis zum Herbste wohl ohnehin umstehen werde. Um dieses Haupt sei es am Ende nicht schade, meinte der Bauer, auch wenn er es nie mehr zu sehen bekomme. Also solle das Männlein das sieche Viehlein haben, nur seine Schelle wolle er noch abziehen, denn die Glocke deuchte ihn schier mehr wert als die Kuh. Als aber das Männlein bittlich flehte, er solle ihm doch die Kuh mitsamt der Schelle lassen, da willigte der Bauer schließlich ein, und wegen des Zinses, meinte er, so solle er's halten, wie er's dann eben machen könne. Auf Sankt-Michaels-Tag aber müsse er ihm die Kuh pünktlich wieder bringen. So war denn der Handel gemacht, und das Männlein nahm die Kuh und zog mit ihr fort, und hell erklang das Schelli noch eine Weile, dann immer ferner und ferner, und aufs Mal war das Männlein mit dem Tiere in einer Wand verschwunden, wo sonst niemand hindurchkommen konnte alleinig, und schon gar nicht mit einer Kuh. Der Bauer blickte der Kuh nach und dachte: «Das Kuehli seh ich gläublich so wenig wieder wie das Mannli», und wandte sich wieder seiner Arbeit zu. Aber als er darauf einmal zum Giswylerstock hinaufschaute, da sah er weit oben am Berg auf den Gemsenplätzen sein mageres Kühlein munter weiden, jetzt gab er die Kuh erst recht verloren. Denn dort oben vermochten grad eben noch Gämsen zu weiden. Um eine Weile fuhr der Bauer höher zu Berg auf die obern Staffeln und vergaß so den ganzen Handel. Doch sonderbar, den ganzen langen Sommer ging es ihm glückhaft gut.

Sein Vieh ward rund und glänzend wie noch nie in früheren Jahren, während andere Alpen von allerhand Seuchen heimgesucht waren. Als-gemach wurde es Herbst, der Bauer war von der Hochalp wieder ins Vorsäß herabgefahren, und die Kühe käuten das saftige Herbstgras. Am Sankt-Michaels-Tag saß der Bauer vor seiner Hütte und klopfte eben seine Pfeife aus. Da hörte er aufs Mal eine Kuhschelle läuten, die gab einen sonderlich schönen Klang, und da kam auch schon das Männlein mit dem weißen Barte, an der Hand führte es die Kuh. Die glänzte wie Seide an der Sonne und war noch schöner als die andern Kühe des Senntums. «Hier bringe ich dir die Kuh zurück», sprach das Männlein, «die du mir in Verding gegeben für den Sommer, und dann möchte ich grad fragen, wie viel Zins ich dir schulde.» Der Bauer machte Augen wie Pflugsräder und wollte gar nicht glauben, dass diese glatte, feiße Kuh mit dem strotzenden Euter sein elendes, mageres Hungerkühlein sein sollte, das er dem Männlein im Frühling in Pacht gegeben. «Zins will ich keinen Rappen», sprach er endlich, «komm übers Jahr im Sommer wieder und hol dir eine neue Kuh, wenn du willst, und ich zahl dir noch drauf.» Doch das Männlein antwortete, es brauche nie mehr eine Kuh, da es jetzt für sein ganzes Leben Milch und Käse genug habe. Und es gab dem Bauer ein Bratkäsli. Das solle er nur nie ganz aufessen, dann habe er immer Käse, so lange er lebe. Da lachte der Bauer und meinte, ja ja, das wolle er glauben. Aber das Männlein lüpfte sein Käpplein und rief: «Thio und liog!», und damit eilte es geschwind wie ein Gämslein den Hang hinauf.

Gen Abend ging der Bauer heim, um seiner Frau den Kram des seltsamen Senns zu bringen, und als sie zum Nachtessen davon aßen, dünkte es sie gar fürnehm im Geschmack. Da versorgten sie das Käslein gar gut und gaben den Nachbarn auch dann und wann davon zu kosten, und allemal, wenn man das Käslein wieder hervornahm, war es ganz wie zuvor.

Das ging zwei Jahre lang so fort. Aber eines Tages hatte der Bauer Schneider und Schuhmacher auf der Stör, und als er ihnen das Käslein zum Zvieri vorsetzte, mundete es ihnen so gut, dass sie es rübis stübis aufaßen, ohne dass der Bauer es gerade gewahrte. Da aber ward er gewaltig zornig, aber jetzt konnte das Käslein nicht mehr wachsen, wie sehr er auch fluchte und schwor.

Eine Frau erobert die Alp

Fida, eine junge Bündnerin, wollte heiraten, einen Bauer aus der Umgebung. So beschloss sie, einen Sommer lang auf die Alp zu gehen, um zu sehen, «... was man schätzt auf einer Alp, was schön ist und weniger schön, was man von den Bauern erwartet und wie sich das Vieh verhält». Weil die Stelle als Zusenn noch frei war, meldete sie sich beim Hüttenmeister. Da die Alp Rischuna in ihrem Heimatort liegt und sie die meisten Bauern kannte, wurde ihr schon bald zugesagt.

«Einige sagten, sie würden es erst dann glauben, wenn ich auch tatsächlich oben sei. Andere meinten, ich hätte durchgedreht. Viele begegneten mir mit einem Lächeln und einem schiefen Blick. Ich nahm es gelassen: «Euch will ich es schon zeigen.» Dann kam der Juni und ich packte meine Sachen zusammen. Zwei Tage, bevor das Material für die Alp bereitgestellt wurde, ging ich hinauf und putzte die Hütte.

Als die Bauern mit den Kühen eintrafen, staunten sie nicht schlecht. Das hatte es zuvor noch nie gegeben, dass jemand früher auf die Alp gegangen war, um zu putzen und vorzubereiten. Der Tag verlief mit viel Arbeit, und dann kam das Melken. Zum ersten Mal eine Melkmaschine auf der Alp... und zum ersten Mal eine Frau... Ja, auch ich hatte Herzklopfen. Ich konnte wohl von Hand melken, nicht aber mit der Maschine. Alle waren neugierig, wie die Melkmaschine funktionieren und wie ich damit melken würde. Das Spektakel dauerte zwei Stunden, und schon waren die meisten Bauern verschwunden.

Der «Alpcrew» gehörten in diesem Sommer nebst mir auch Luzi Albin (67 Jahre) als Senn, Mario Albin (14 Jahre) als Kuhhirt und Alex (11 Jahre) als Bub für alles an. Wir hatten 54 Kühe, einen Stier und zwölf Schweine zu betreuen.

Melken, käsen, kochen, Holz spalten

Der erste Tag war zu Ende, und wir gingen so rasch wie möglich zu Bett, denn am nächsten Morgen gab es früh Tagwache. Wenn ich an den Morgen denke, dann ist man sehr froh, wenn ein Hüttenmeister oder ein freiwilliger Bauer noch auf der Alp bleibt, um am Morgen zu helfen, die Kühe zu stallen. 54 Kühe, und man kennt keine, und alle sollten an den richtigen Platz, oje! Aber bald hatten wir auch das im Griff und uns gut eingelebt. Nun kannten wir die Kühe, jeder erledigte seine Arbeit nach Plan. Das frühe Aufstehen zwischen drei bis vier Uhr bereitete mir schon Mühe. Die ersten zehn Tage schaffte ich es einigermaßen, dann kamen zehn Krisentage, und danach ging es den ganzen Sommer recht gut. Aufmunternd war natürlich der gute Kaffee, den Luzi jeden Morgen für uns braute, wenn wir aus den Schlafsäcken krochen.
Der Morgen und der Vormittag waren ziemlich anstrengend, aber bis zum Mittag hatten wir

EUTRA

unsere Arbeit erledigt. Nun gab es das wohlverdiente Mittagsschläfchen. Dann gingen Luzi und ich Holz spalten, Holz tragen oder wir erledigten andere Arbeiten.
Luzi und ich gingen jeden Vormittag und Nachmittag auf den Aussichtspunkt, um zu sehen, was die Bauern im Tal machten.
Samstag war Putztag. Es musste sauber sein, wenn die Bauern uns besuchen kamen. Zu meinen Ehrenarbeiten gehörte auch das Waschen der Buben, das Ohrenputzen, das Halsreinigen, das Haareschneiden, das Haarewaschen.

Auch musste ich als Frau den Posten der Köchin übernehmen. Aber das war nicht so schlimm, denn wir lebten einfach und es gab keine großen Menüs. Wenn die Bauern kamen, sah ich stets strahlende und zufriedene Gesichter, und das gab mir den Ansporn, alles so gut wie möglich zu machen.
Sie brachten auch immer etwas Gutes mit zum Essen oder Trinken, was wir auf der Alp sehr schätzten. Besucher, die übernachteten, hatte ich auch gerne. Das brachte ein wenig Abwechslung in den Alltag. Abends blieben wir dann ein wenig länger auf und plauderten, oder wir machten sogar einen Jass. Auch die Milchkontrolleure waren immer willkommene Gäste.

In meinem Herz bleibt die Alp unvergesslich

Herrlich war es auch, wenn ich einmal helfen musste, die Kühe auf die Weide zu treiben oder sie am Abend heimzutreiben.
Jeder Tag hatte etwas zu erzählen, der Himmel, die Berge, die Alp, der Wind und das Wetter, der Sonnenaufgang und der Sonnenuntergang.
Ich kann nicht alles aufschreiben, aber in meinem Herzen bleibt es unvergesslich. Die Wildtiere, das Pfeifen der Murmeltiere und das Singen der Vögel sind auch heute noch gegenwärtig. Ein Erlebnis ist es auch zu sehen und zu hören, wenn das Vieh morgens jeweils auf die Weide zieht.
Ganz erstaunt war ich, wie viel die Tiere fressen, und dies am Tag und in der Nacht. Interessant war auch die Beobachtung, dass die Kühe der einzelnen Bauern jeweils zusammenbleiben und jede Nacht fast am gleichen Ort verbringen, und auch, wie die Kühe immer den gleichen Weg wählen, auf die Weide und zurück. Ebenfalls ein unvergesslicher Moment ist, wenn man bei der Hütte steht und sieht, wie die Kühe auf den Stall zukommen. Oder wenn die Kühe abends nach dem Melken sich frei auf der Abendweide bewegen, ganz in der Nähe des goldigen Sonnenunterganges.
Auch im Stall konnte ich so manch schönes Bild sehen, wenn die Kühe so dalagen. Ein Auge war stets wachsam, ob nicht ein Tier ein Fußleiden oder sonst etwas hatte. Wenn ja, versuchten wir, der Kuh gleich zu helfen.
Rasch ging der Sommer zur Neige und es gab weniger zu melken und weniger Arbeit. Ich war froh, denn es war ein anstrengender Sommer gewesen.

Soll ich lachen oder weinen?

Nun war September und es gab ein wenig Betrieb auf der Alp mit den Jägern. Die Hüttenmeister kamen und erstellten die Alprechnung. War das eine Aufregung, bis alles stimmte und verteilt war. Jetzt hieß es schon bald, Abschied zu nehmen von der Alp, und dabei wurde mir doch ein wenig bang ums Herz. Dann kam der Transport des Käses per Helikopter. Das ist alles gut und recht. Die Unbesorgtheit der Bauern, wenn es um ihren Käse geht, gab mir aber doch zu denken. Wir haben uns doch einen Sommer lang alle Mühe gegeben, viel Käse und Butter herzustellen.
Und wenn ich an früher denke, wie man den Käse auf einem Schlitten von der Alp ins Tal gebracht hatte…
Als am letzten Tag die Bauern kamen und mit ihren Kühen den Weg ins Tal antraten, gingen mir viele Gedanken durch den Kopf und es war mir warm ums Herz. Ich wusste nicht, sollte ich weinen oder lachen, froh oder traurig sein.

Ich empfehle jedem Bauer und jeder Bäuerin, einen Sommer lang auf der Alp zu arbeiten, um zu erfahren, dass nicht alles selbstverständlich ist».

Fida

Vom Wesen der Kuh

Hörner sind einfach Hörner?

Schnell noch einen Schluck Kaffee, rein in die Bergschuhe und raus in den Stall. Es ist acht Uhr morgens, wir binden die Kühe los und stallen aus. Diesiges Nebelwetter ist heute, es ist ungemütlich, es fröstelt einen, aber egal, die 92 Kühe brauchen etwas zu fressen, wir ziehen auf die Weide.
Tagwacht war um vier Uhr. Müde Beine und kleine Augen suchten heute Morgen die Tiere auf der Nachtweide. Aber von Müdigkeit ist jetzt keine Spur mehr. In einem langen Zug ziehen die Kühe auf dem schmalen alten Weg in Richtung «Schlupf». Wir wollen heute ins «Vordertäli», bei dichtem Nebel eine ideale Weide, absturzungefährlich, einfach zum Hüten, auch wenn man nicht viel sieht.

Auf dem langen Weg gibt es stets Rangeleien, so auch heute. Prinka schert aus und stellt sich vom oberen Wegrand aus gegen die hornlose Arina. Grundlos scheinbar, doch die junge Prinka möchte es heute wissen, möchte die Herkuh herausfordern und stichelt mit ihren spitzen Hörnern gegen ihre Chefin. Die weicht aus, beachtet ihre Angreiferin kaum und geht weiter. Prinka setzt nach und reizt Arina mit gezielten Hornattacken gegen den Hals. Da dreht sich die Chefin plötzlich um, geht zum Gegenangriff über, bringt ihren Kopf in Stellung und versucht, Prinka wegzudrücken. Die ist aber in einer besseren Ausgangslage, steht über Arina und hat Hörner. Arina rutscht das erste Mal mit ihrem Kopf ab und auch ein zweites Mal. Dann geht alles ganz schnell. Mit wippenden und schaufelnden Kopfbewegungen bringt sie sich in Position und setzt am Hals von Prinka an. Schritt für Schritt wird die Gegnerin die Böschung hochgedrückt bis sie aufgibt, abdreht und davonläuft.

Tagebuch Alp Tambo

Die Szene hat mich damals fasziniert. Und sie beschäftigt mich noch heute. Die Hörnerfrage überhaupt ist eine spannende Problematik, die Beschäftigung mit ihr längst überfällig. Auf das Thema Hörner beziehungsweise Hornlosigkeit möchte ich hier in Gedanken und kleinen Episoden eingehen. Sie stammen aus zwanzig Alpsommern mit meinen liebsten Haustieren, den Kühen.

Schmerzhafte Erfahrungen eines Grünschnabels

Bis zu meinem zwanzigsten Lebensjahr kannte ich Kühe nur von der Ferne auf den Weiden und wusste immerhin, dass von ihnen die Milch stammt, die jeden Morgen auf meinem Frühstückstisch stand. Als Grünschnabel entschied ich mich damals irgendwann für eine Alp mit 80 Milchkühen in Graubünden. Bereits nach drei Wochen machte ich die ersten schmerzhaften Erfahrungen mit einem Kuhhorn. Mir wurde beim Einstallen eine Rippe eingedrückt, meine

Arbeitsfähigkeit war vier Wochen lang eingeschränkt, ich durfte jedoch nach Angaben des Arztes bis zur Schmerzgrenze weiterarbeiten. Gleiches wiederholte sich in den zwei folgenden Jahren, einmal Rippe angebrochen, einmal Rippe ganz gebrochen. Kuhhörner trafen mich beim Anbinden ebenfalls im Gesicht. Kleine Wunden oder Blutungen im Mund- und Nasenraum waren die Folge, zum Glück blieben meine Augen verschont. Ich war eben nicht aus der Landwirtschaft und Kühe mit Hörnern waren mir fremd.
In den folgenden Jahren lernte ich, mit Kühen umzugehen. Stundenlang beobachtete ich sie auf der Weide oder im Stall, ihre Gewohnheiten und Umgangsformen untereinander wurden mir vertraut. Ich lernte, dass Kühe Individuen sind, dass sie aber auch einen Herdentrieb besitzen, dass sie sehr schlau, aber auch unerträglich dumm sein können. Die unterschiedlichsten Charaktere begegneten mir, ich fand Zugang zum Wesen der Kuh.

Auf größeren Alpen ist es üblich, dass wir Hirten mit den Tieren ganztags unterwegs sind, um sie zu bestimmten Futterplätzen zu führen, sie von steilen, nicht eingezäunten Flächen fernzuhalten oder um sie wieder in die Stallungen zum Melken zurückzutreiben. Wir sind tagaus, tagein mit den Tieren zusammen, bei unerträglicher Hitze, Wind, Sturm, Regen, Gewitter oder Schnee. Immer müssen wir die Herde und einige ihrer Einzeltiere richtig einschätzen, um sie durch das Gebirge lenken zu können. Falsche Entscheidungen können zum Absturz, zu schweren Verletzungen oder zum Tod der Tiere führen. Ich lernte, mit Kühen zu gehen, ich lernte, mit ihnen umzugehen, sie zu berühren, mit ihnen auf engem Raum zu «tanzen». Seit damals ist mir mit Kühen nie wieder etwas zugestoßen, abgesehen von ein paar Schwanzschlägen ins Gesicht beim Melken.

Mit den Kühen «tanzen»

100 Kühe von 18 verschiedenen Bauern, das sind 18 kleine Herden, die auf einer Alp erstmals aufeinandertreffen. Alle Tiere werden zweimal täglich zum Melken an- und losgebunden. In den meist engen Ställen ist dies nicht so einfach, weil sich manche Tiere fremd sind. Sie folgen ihrer inneren Stimme, sie wollen und müssen eine neue Rangordnung ausmachen, und so kracht es einfach immer wieder. Bei begrenzten Raumverhältnissen kann das gefährlich werden, für die Tiere und uns Menschen. Am Alpanfang gilt, nur in kleinsten Gruppen einzustallen. Draußen auf dem Vorplatz können sie sich ausweichen oder haben Platz zum Kämpfen. Im Stall dagegen muss man den Blick für den ganzen Raum haben. Ich darf mich niemals um ein einzelnes Tier kümmern und dabei das Gesamtgeschehen aus den Augen verlieren. Es gilt zu lernen, sich zwischen den Kühen zu bewegen, auszuweichen, das eigene Wollen durchzusetzen, aber nicht immer darauf zu beharren. Es ist ein Tanz wie auf einer Tanzfläche, wo sich die einzelnen Paare auch nicht ständig anrempeln. Absolute Aufmerksamkeit ist oberstes Gebot. Wir müssen wach sein, sehr wach, sonst

kann es krachen, eine platte Zehe etwa, eine angebrochene Rippe, ein verlorenes Auge oder noch Schlimmeres. Ist dies nicht ähnlich wie im Straßenverkehr? Wir sind es gewohnt, dass wir uns keine Unaufmerksamkeiten leisten dürfen, sonst kracht's, mit Blechschaden oder schlimmeren Folgen. Ich meine, wir haben es verlernt, mit den Kühen zu tanzen. Die Mensch-Tier-Beziehung wurde in den letzten Jahrzehnten auf ein Minimum reduziert, die Gründe sind bekannt. Die Auswirkungen bekommen nun die Tiere zu spüren, indem sie verstümmelt werden. Vorne nimmt man ihnen die Hörner ab, hinten die Schwänze, wie es leider in Neuseeland heute bereits üblich ist. Ich meine, wir müssen die Mensch-Tier-Beziehung überdenken. Wenn wir Tiere domestizieren, also zu Haustieren machen, sind wir für sie verantwortlich wie für unsere eigenen Kinder. Wir müssen sie pflegen. Die Pflege zählt zu den ältesten Aufgaben der Menschheit, seitdem sie sesshaft geworden ist. Pflegen heißt kultivieren. Unsere menschliche Kultur ist in Gefahr, wenn wir den Gedanken des Pflegens unterdrücken und verdrängen. Beispiele dafür gibt es heute bereits viele, ein weiteres kommt hinzu, nämlich das Abschneiden von Körperteilen uns anvertrauter Geschöpfe.

Rangkämpfe

Jeden Sommer ist die Herde auf der Alp anders zusammengesetzt. Sie ist nicht von Anfang an ein ruhiger Haufen. Es braucht zuerst eine Herdenstruktur, und die muss jedes Jahr neu ausgefochten werden.
Elga, die älteste, war im letzten Sommer Herkuh, nicht unangefochten, doch sie hat sich immer wieder behauptet.
Auch dieses Jahr wird sie es nicht leicht haben, ihre Stellung zu verteidigen. Einige Tiere sind neu auf der Alp, andere älter geworden und reicher an Erfahrung als noch im Vorjahr.
Die Rangkämpfe beginnen meist ein bis zwei Tage nach dem Alpaufzug, wenn sich die größte Aufregung gelegt hat und der Ortswechsel mehr oder weniger akzeptiert wurde. Interessant ist, dass nicht jede Kuh mit jeder kämpft oder ein undurchschaubares Durcheinander entsteht. Mit wenigen Ausnahmen geht es um die Funktion der Leiterin für die ganze Herde. Der Vorentscheid, wer am Ende des Sommers Herkuh ist, kann schon jetzt fallen.
Sehr schnell hatten fremde Kühe Elga als ranghohes Tier erkannt und teilweise akzeptiert. Einige kamen jedoch in ihre Nähe, um die Rangordnung auszutesten und abzutasten.
Man kann die Spannung, die bei einer solchen Begegnung entsteht, spüren und erkennen.
Die meisten dieser Treffen gehen ohne äußeren Kampf vorbei. Elga hatte dann einen inneren Kampf gewonnen, ihre Ausstrahlung hatte genügt, um die Rangfolge deutlich zu machen.

Irgendwas stimmt nicht. Ein paar Kühe haben aufgehört zu fressen. Elga steht da wie angewurzelt. Ihr gegenüber, fünf Kuhlängen entfernt, hat sich Julia, eine kräftige Kuh, aufgebaut. Sie geht langsam, mit dem Kopf am Boden, auf Elga zu, die aufrecht dasteht. Julia scharrt abwechselnd mal mit dem linken, mal mit dem rechten Vorderfuß im Boden, Grasbatzen fliegen durch die Luft. Elga bewegt sich nicht. Julia geht ganz langsam an Elga vorbei. Sie bleibt stehen, zwei Kuhlängen Abstand. Sie hebt den Kopf. Jetzt senkt auch Elga den Kopf, er ist untypisch schief, Falten werden sichtbar zwischen Auge und Ohr. Auch Julia runzelt die Haut am Hals. Beide bewegen langsam die Köpfe, vollkommen angespannt, wie in Zeitlupe, Elga ist noch immer angewurzelt, Julia scharrend, jedoch deutlich zurückhaltender. Sie mustern sich, fünf bis zehn Minuten lang, das kann eine kleine Ewigkeit sein, dann kracht es. Wie auf ein verabredetes Zeichen hin stoßen die Schädel aufeinander und Elga wird zurückgestoßen. Sie lässt ab, weicht aus, setzt sofort zu einem Gegenangriff an, die Köpfe schlagen erneut aufeinander. Diesmal wird Julia abgedrängt. Elga wirft sich mit vollem Gewicht auf sie, zwingt sie auf die Knie, schaufelt mit ihren Hörnern, welche sie erst jetzt einsetzt, nach Julia, lässt ab von ihr und wird von Elga noch kurz verfolgt. Für den Moment ist die Rangfolge klar: Die alte Herkuh hat gesiegt.

Tagebuch

Rangkämpfe sind für das soziale Geschehen innerhalb einer Herde von sehr großer Bedeutung. Durch Rangkämpfe bekommt jedes Tier seine Stellung innerhalb der Herde. Einzeltiere haben dadurch weniger Stress beim Sichbewegen, Fressen, Saufen, Liegen. Kühe haben kein Sozialverhalten, wie wir es kennen, wenn es darum geht, Schwächere zu schützen (außer bei der Mutter-Kalb-Beziehung). Kleine, schwache Tiere werden abgedrängt und unterdrückt. Dank der Rangordnung können auch diese Tiere überleben. Behornte Kühe fechten anders als enthornte. Die Kämpfe sind kürzer und heftiger, jedoch auch klarer, das Ergebnis ist von längerer Dauer. Meist kommt es nicht einmal zum Kampf. Durch bestimmte Stellungen von Kopf, Nase, Ohren und Hörnern werden Signale ausgesendet, die eine andere Kuh versteht. Die Rangordnung muss so nicht jedes Mal neu «erkämpft» werden. Fehlen die Hörner, fehlt ein wichtiges Instrument für die «Sprache» untereinander, das kann man sehr gut bei gemischten Herden beobachten. Untereinander fremde behornte Tiere haben auf der Weide eine größere Fressdistanz. Hornlose Kühe fressen näher beieinander, auch wenn sie sich fremd sind. Das Kämpfen mit dem Schädel gilt als die klassische Form der Auseinandersetzung zur Errichtung einer Herdenstruktur. Hornlose Tiere «schaufeln». Sie bearbeiten ihre Kolleginnen in der Regel von der Seite. Bauch und Hals sind bevorzugte Ziele. Die Auseinandersetzung dauert länger, sie scheint weniger heftig, ja fast spielerisch zu sein, die Tiere finden nicht so schnell den Platz in der Herde. Rangordnungskämpfe sind häufiger.

Marey wird enthornt

Eine Herkuh ist keine Leitkuh. Die Herkuh ist die Chefin der Herde, das ranghöchste Tier. Die Leitkuh ist diejenige, welche den Tross auf die Weide und von der Weide in den Stall anführt. Andere Herdenmitglieder folgen ihr, was das Hüten enorm erleichtert. Herkuh und Leitkuh kann, muss aber nicht das gleiche Tier sein.

Marey war schon seit Jahren unsere Herkuh und Leitkuh auf Alp Tambo. Sie hatte die gewisse Ausstrahlung und wurde von den 92 Kolleginnen akzeptiert. Im Winter 1994 wurden ihr die Hörner abgesägt. Im Sommer 1995 kam sie wieder auf die Alp. Sie machte einen orientierungslosen Eindruck, war scheu und unsicher. Sie nahm ihre Funktion als Leitkuh nicht mehr wahr und war stets im großen Haufen zu finden.

Nach der halben Alpzeit hatte sie sich so weit erholt, dass sie wieder sämtliche Her- und Leitkuhfunktionen übernehmen konnte. Sie war die gleiche wie vorher, nur «trauriger».

Gerta wird wieder behornt

1. August 1989. Morgens beim Melken fing es leicht an zu schneien. Gegen halb neun Uhr stallten wir die Kühe aus, der Schnee war nass und blieb nicht liegen. Ich putzte noch notdürftig die Ställe und zog mich dann winterfest an. Ich eilte den Kühen hinterher, die schon außer Sichtweite waren. Die meisten von ihnen zogen erwartungsgemäß Richtung Grava, doch einige waren am Hang oberhalb der Ebene zu sehen. Dort war der Schnee liegen geblieben. Ich wurde unruhig.

Bald erreichte ich die obersten Kühe und konnte sie vor einem Lawinenzug zum Wenden bringen, der bei Nässe, Schnee oder Trockenheit zu einer gefährlichen Rutschbahn werden konnte. Zwei Rutschspuren entdeckte ich auch schon bald, die abwärts gingen, doch ich sah kein verletztes oder liegendes Tier. Mit äußerster Spannung und ewiger Geduld, um ja kein Tier zu plötzlichen Bewegungen zu veranlassen, konnte ich drei Kühe durch den Schnee am Hang halbrutschend nach unten begleiten, wo es ungefährlicher war. Bis jetzt hatte ich nur bei Schafen erlebt und davon gehört, dass sie bei Schneefall nach oben ziehen. Das ist vielleicht die Regel, doch heute wurde ich eines Besseren belehrt.

Unten suchte ich die zwei Kühe, deren Rutschspuren ich gesehen hatte, und fand nur eine verletzte Kuh. Gerta stand benommen da, umringt von zwei Stallgefährtinnen, fressunlustig mit hängendem Kopf. Viele Falten zwischen Ohren und Augen zeigten, dass sie Schmerzen haben

musste. Das rechte Horn war zusammen mit dem Knochen abgebrochen, hing jedoch noch am Kopf, und es blutete stark.
Abends benachrichtigten wir den Bauer über Funk über den Absturz seiner Kuh und baten ihn, raschestmöglichst auf die Alp zu kommen.
Am nächsten Tag war Robert schon bald mit einer Tüte voller Gipsbinden vor Ort. Er versuchte so, das Horn zu retten. Ich zweifelte, ob dies gelingen würde, weil durch die ständige Erschütterung beim Laufen der Knochen möglicherweise nicht anwachsen kann. Beim Weiden im Gebüsch würde die Kuh immer wieder mit ihren Hörnern irgendwo hängen bleiben oder das Anwachsen würde durch ein Gerangel mit anderen Kühen inner- und außerhalb des Stalls behindert. Außerdem würde es Gerta beim Heilungsprozess sicher jucken, so dass sie sich mit den Hörnern an Grasböschungen oder Bäumen kratzen würde.

Dass ein Bauer versucht, ein Horn seiner Kuh zu retten, war für mich schon ein spezielles Erlebnis, musste ich doch bei vielen Kollegen die Tendenz feststellen, dass sie ihre Kälber enthornten.
Während des ganzen Sommers beobachtete ich Gerta und ihr eingegipstes Horn. Gerta mied das Gebüsch, ging Rangeleien aus dem Weg und hielt beim Einstallen ihren Kopf schief, das verletzte Horn nach oben. Während gut eines Monats beobachtete ich, wie sich das Horn immer noch bewegte, also noch nicht angewachsen war. Nach dem Alpabtrieb erzählte mir dann Robert, dass er Gertas Gipsbände entfernt hätte und das Horn wieder angewachsen sei.

Die Aura einer Kuh

Eine Kuh ist größer als das, was unsere Augen sehen. Intelligente Menschen sprechen von einer Aura, gleich einem unsichtbaren Mantel, der jede Kuh umgibt. Dieser Mantel respektive dieses Feld kann unterschiedlich groß sein, was von verschiedenen Faktoren abhängt. Nach meinen Beobachtungen ist die Aura einer Kuh etwa zwei auf drei Meter groß. Kühe, die sich kennen und mögen, erlauben es den anderen, diesen Bereich zu betreten, sie fressen ganz dicht zusammen, liegen nahe beieinander oder schlecken sich. Ranghöhere Tiere «erlauben» rangniedrigeren Tieren ebenfalls, diesen Raum zu betreten.
Bei behornten Tieren wird dieser Raum durch unscheinbare Bewegungen der Hörner angezeigt. Die Herdenordnung kann somit ständig aufrecht erhalten und kontrolliert werden. Herden mit behornten Tieren sind strukturiert, als Hirt kann ich diese Herden leiten und lenken.
Je mehr hornlose Tiere in einer Herde sind, desto schwieriger ist es, aus einer größeren Anzahl von Kühen eine Herde zu formen. Es sieht so aus, als würde es unter hornlosen Tieren mehr Unordnung geben.

Hörner als Organ

Hörner müssen einen Grund haben. Die Kuh besteht aus den verschiedensten Teilen. Die Hörner gehören dazu, sie bestimmen ihr Wesen. Wenn ihr die Hörner entfernt werden, beraubt man sie eines Teils ihres Wesens. Auch wenn der Sinn der Hörner in der Vergangenheit wissenschaftlich nicht genügend erforscht wurde, sollten uns doch einige Beobachtungen und Fragen nachdenklich machen.

Kühe sind Wiederkäuer. Sie haben die Fähigkeit, aus Rohfasern hochwertige Fett- und Eiweißformen in Form von Milch herzustellen. Eine artgerechte Tierhaltung beinhaltet wiederkäuergerechte Fütterung, weshalb Kraftfutter wie Getreide oder Soja im Futtertrog nichts verloren haben. Zu oft wird geldbeutelgerecht (Milch!) und nicht wiederkäuergerecht gefüttert. Kraftfutter kann nicht wiedergekaut werden. Warum lassen wir den Tieren nicht die Möglichkeit, Gras und Heu zu fressen? Milchüberschüsse wären kein Thema und die Preise würden stimmen. Was hat das aber nun wieder mit den Hörnern zu tun? Man beobachtet weltweit, dass sich die Hörner und damit die Hornzapfen bei Rindern vergrößern, je anspruchsloser, das heißt rohfaserreicher das Futter ist. Die sogenannte Futterverwertbarkeit nimmt zu. Wir ignorieren die Fähigkeit des Rindes, aus Gras und Heu Milch zu machen, wenn wir ihnen Eiweißfuttermittel geben, das der Mensch selbst als Nahrung verwenden könnte, und wenn wir ihnen die Hörner wegnehmen.

Hörner und Leistung

Heute werden als Leistungskriterien häufig nur Menge und Inhaltsstoffe der Milch wie Fett, Eiweiß, Keimzahl und Zellzahl bewertet. Langlebigkeit und Gesundheit spielen eine untergeordnete Rolle. Input-Output-Rechnungen bei Milchkühen bezüglich Futterverwertbarkeit scheinen mir sehr interessant zu sein. Sie würden uns Aufschluss darüber geben, wie wirtschaftlich unsere Kühe wirklich sind. Je größer also die Fähigkeit einer Kuh, aus Rohfasern hochwertiges Eiweiß und Fette herzustellen, desto höher der Leistungsgrad. Nun sind wir wieder bei den Hörnern angelangt. Steppenkühe auf kargen Böden entwickeln die größten Hörner. Ein Beispiel in unserer Nähe sind die schottischen Hochlandrinder, die weit ausladende Hörner entwickelt haben in einer äußerst kargen Landschaft.

Hörner – Lebens- und Gestaltungskraft

Klauen und Hörner sind mitverantwortlich, wenn das Kuhwesen zur Kuh «Prinka» wird. Kuh Prinka bewegt sich zwischen Himmel und Erde. Mit den Klauen hat sie die Verbindung zur Erde, zu Kräften, die aus der Erde strömen. Mit den Hörnern ist sie auf der anderen Seite mit den Kräften des Himmels verbunden. Beide Kräfte gestalten die Kuh, bauen also die Kuh Prinka. Eine Kuh ist mehr als nur die Ansammlung einiger Atome und Moleküle. Der Bauplan von Prinka, festgeschrieben in der DNS, wird mitgestaltet von verschiedenen Kräften, und diese Kräfte müssen fließen können. Ist dies nicht mehr der Fall, zum Beispiel durch Enthornung, gibt es einen Defekt, und die Auswirkungen solcher Defekte sind heute noch unzureichend erforscht. Ich bin mir sicher, dass wir in Zukunft noch einige interessante Entdeckungen auf diesem Gebiet machen werden.

Was wollen wir?

Nicht erst seit der BSE-Krise sollten wir uns fragen, was wir eigentlich wollen. Jeder von uns ist Konsument und Verbraucher. Jeder von uns muss essen und trinken, jeder von uns kann über den Geldbeutel entscheiden, was er wo einkauft. Mit diesem Schritt kann jede und jeder von uns mitbeeinflussen, ob Tiere Weidegang haben dürfen, ob sie Gras und Heu fressen können, ob sie verstümmelt werden oder eben nicht. Als Verbraucherinnen und Verbraucher müssen wir handeln, wir müssen Haltung und Fütterung unserer Mitgeschöpfe hinterfragen, denn einen falschen Umgang mit den uns anvertrauen Tieren bekommen wir früher oder später selbst zu spüren.

Die verfluchte Milch

In der Salwyden am Sörenberg verschüttete an einem Abend beim Melken der Küher einen ganzen Eimer voll Milch. Er stampfte vor Zorn und fluchte und schwor alle Zeichen. Auf einmal hörte er aus einer Ecke des Stalles laut aufseufzen. Er schaute nach, ob jemand da sei, aber es war nichts zu finden. Der Knecht berichtete es dem Meister. Der schüttelte den Kopf und sagte, er solle den nächsten Abend nochmals Milch ausschütten und dazu kräftig fluchen. Er selber wolle in jener Ecke des Stalles lugen und losen. Gesagt, getan. Und wieder hörten beide es sehr deutlich seufzen. «Sag nur meiner Frau nichts», sprach der Meister zum Knecht, «denn sie sagt so schon immer, es habe Erdmännlein da herum.» Noch mehrmals ward das Seufzen vernommen worden. Aber man redete nicht weiter davon.

Der Sommer war vorüber, das Senntum fuhr zu Tal.

Wie die letzte Kuh über die Alpmark war, nahm nach altem Brauch der Meister die Kappe ab, faltete die Hände und sprach über die Alp laut und langsam den Segen: «Walt Gott!» Eben merkte der Knecht, dass er droben in der Hütte seine Uhr vergessen hatte, und er lief zurück, um sie zu holen. Wie er die Hüttentür aufstoßen will, ist sie offen und drinnen schon eine ganze Schar Erdmännlein am Käsen. Sie machten alle finstere Mienen und schauten nicht auf. Einzig ein uraltes Muetterli schüttelte beide Fäuste gegen ihn und rief: «Alle Milch, die ihr den Sommer über verschüttet, ist unser, aber nur die Milch, worüber kein Fluch gerufen ist. Die andere ist uns verloren. Die gute behalten wir auf, und wenn ihr fort seid, machen wir daraus unsere Käse. Die sind küstiger als eure und nehmen nie ab. Jeder Fluch von euch macht uns arm. Und jetzt mach, dass du fortkommst, wenn du noch heimkommen willst!»

Der rohe Knecht, ein starker Mann, der auch den Teufel auf Stelzen nicht fürchtete, machte ein Gesicht wie die Katze, wenn's donnert. Aber da wuchs mit einem Schlag das Weiblein riesenhaft vor ihm empor – der Graus trieb ihm den Schopf steif wie Föhrennadeln am Wirbel auf, und es flirrte ihm vor den Augen, dass er nur noch Nebel sah. Und er ließ seine Uhr, wo sie war, und rannte, was er konnte, bergab. Weiß wie Kalk im Gesicht und pflotschnass vor Schweiß holte er den Meister und die Herde ein.

Seit dem Tag war der Knecht ein stiller Mann. Er hat nicht mehr lange gelebt.

2

Die Alperzeugnisse

Die Alpmilch

Morgens gegen 4 Uhr aufstehen, in die dunkle Nacht stolpern, die Kühe auf der Nachtweide wecken, sie mit dem Hirtenhund Tao zum Alpstall treiben und dabei die langsame Geburt des Tages erleben, einstallen, ein jedes Tier hat seinen Platz, Melkzeug richten, Stallstiefel anziehen, Melkstuhl bereit, los geht's. Der noch schläfrige Kopf ruht beim Anhandeln in der Kuhle von Gerda, meine Augenlieder wollen sich schließen, und schon tönt es im Stalleingang «Kaffee!». Der Gedanke erreicht meine Gehirnzellen noch vor dem Duft, weckt meinen müden Geist. Mein Cappuccino ist schnell bereitet, ich bin zum zweiten Mal erwacht heute Morgen und nach dem Kaffee, der mich erst richtig funktionieren lässt, melke ich mir noch eine Tasse Milch, süß ist sie, noch viel süßer nach dem bitteren Kaffee und vollmundig, einfach gut. Das ist Alpmilch, ein Gedicht, ein Erwachen, nicht mehr und nicht weniger.

Die Milch ist älter als die Geschichte von uns Menschen, viel älter sogar. Sie ist das Ergebnis einer Schöpfung, die es erstmals in der Geschichte des Lebens ermöglichte, den eigenen Nachwuchs mit einem Saft des eigenen Körpers zu ernähren. Die Milch entstand schon immer nach den gleichen Gesetzmäßigkeiten. Ihre Bausteine sind seit Jahrmillionen die gleichen. Die Kraft der Erde bringt Pflanzen hervor, die Verdauung der Tiere zerlegt sie in ihre Einzelteile. Blut bringt diese Teilchen an einen Ort, wo

sie neu zusammengesetzt werden, es entsteht Milch.
Milch ist auch mehr als Wasser, Zucker, Fett und Eiweiß. Milch bedeutet Leben. Alle Säugetiere und auch wir Menschen beginnen unser Leben auf dieser Erde mit einem kräftigen Schluck dieses warmen Saftes.

Milch als Lebensmittel

Unser Leben beginnt mit der Milch, und genau um diesen Stoff dreht sich so vieles auf einer Kuhalp mit Melken und Milchverarbeitung. Die Milch ist ein Teil des Lebendigen, ihr Wesen bringt uns in das «Reich der Mütter», und Mutterherden, Kuhherden sind es, die wir Hirten auf den Milchkuhalpen hüten und betreuen. Stillende Mütter und säugende Tiere sind der Inbegriff von Ruhe und Frieden, genauso empfinden es viele Bergwanderer, wenn sie durch die Alpenwelt spazieren oder auch nur Bilder sehen von deren Unberührtheit, Seltenheit und Schönheit.

Milch als Nahrungsmittel

Den Inhaltsstoffen der Milch wurde in den letzten Jahrhunderten viel Beachtung geschenkt. Wir wissen Bescheid über Fett- und Eiweißgehalt, über Milchzucker und Mineralstoffe. Dass das Blut die notwendigen Bausteine für die Milchbildung liefert, wissen wir ebenso, wie wir das Bewusstsein haben, dass die Natur seit Jahrmillionen Stunde für Stunde, Tag für Tag, Jahr für Jahr die Bausteine in ausgeklügelter Form so zusammensetzt, dass Leben erhalten und gefördert wird.

Milch als Heilmittel

Es gab Zeiten, in denen Milchprodukte wie Butter oder Molke auch als Heilmittel eingesetzt wurden. Wohltuende Molkebäder, angeboten in den bekanntesten Kurzentren im Alpenraum, waren vor hundert Jahren keine Seltenheit, und der Butter wurde in der Vergangenheit eine heilende Wirkung attestiert. Was man damals einfach wusste, ohne es zu wissen, wird heute von schlauen Menschen wissenschaftlich nachgewiesen. In der Bergmilch befindet sich zum Beispiel besonders viel konjugierte Linolsäure, so die neuesten Forschungen. Die spezielle Fettsäure soll den Cholesterinwert im Blut stabilisieren, Krebs vorbeugen, gegen Arterienverkalkung und Diabetes wirken und das Immunsystem stärken.

Milch heute

Die Milch wird heute wie ein Rohstoff produziert und behandelt. Der «moderne» Lagerplatz der Milch ist die Straße. Noch nie in ihrer Kulturgeschichte wurde die Milch so viel hin und her bewegt wie heute. Jede Bewegung der Milch führt jedoch zu einer Qualitätseinbusse, das wissen alle. Sie verliert ihre Aufgabe als Lebensmittel und Heilmittel. Was übrig bleibt, sind die Nährstoffe, degenerierte Bausteine, ultrahocherhitzt, tetraverpackt, austauschbar und einsetzbar, wie der Mensch es will. Die Milch ist zum Problem geworden: Milchüberschuss, Milchseen, Butterberge, und alles gipfelt in der ständigen Zunahme von Milchallergien.

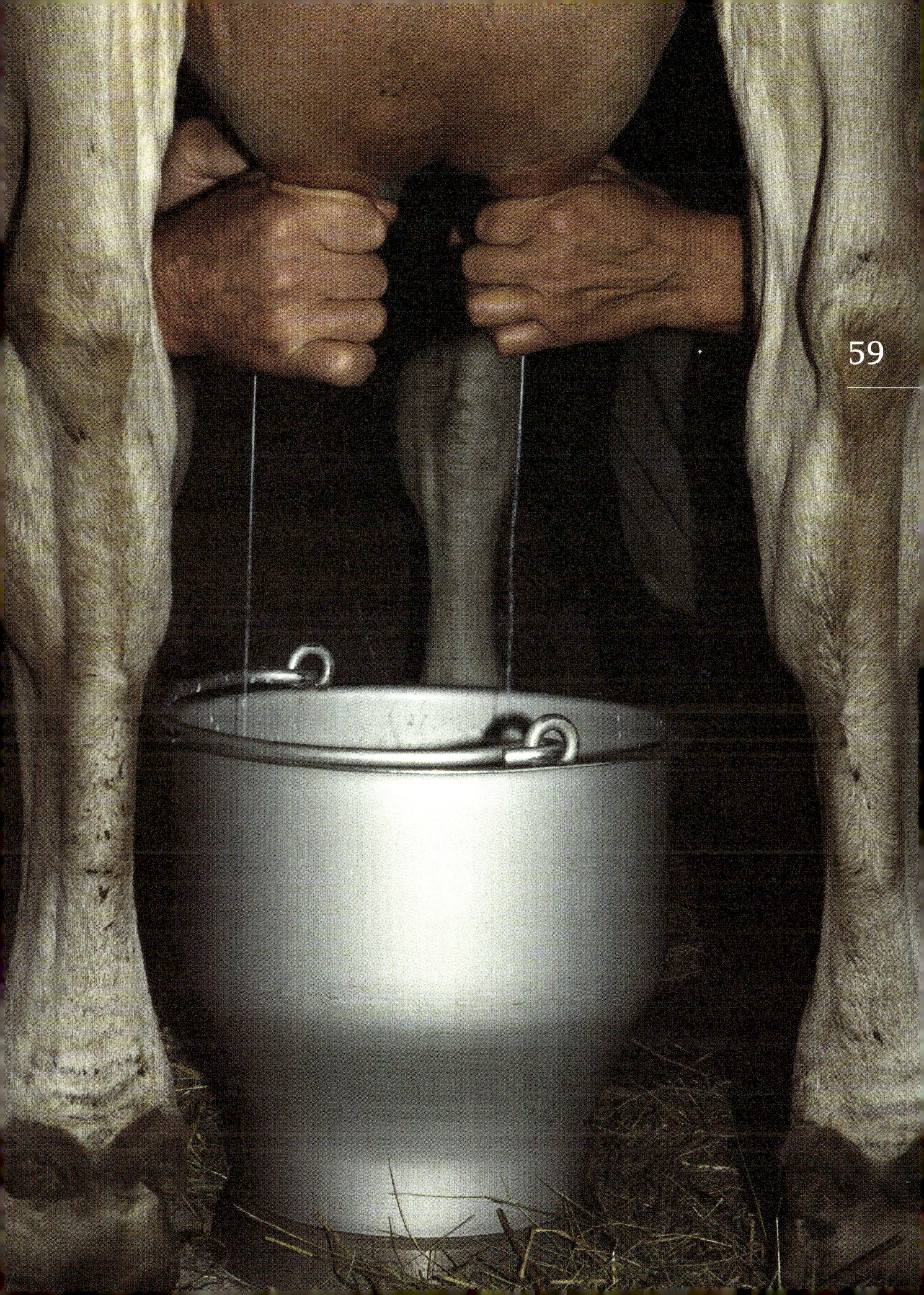

Der Milchkeller

Ein Milchkeller muss kühl sein, damit die Milch nicht zu schnell sauer wird. Deshalb wurden diese Räume früher in der Regel wie die Käsekeller in den Berghang hineingebaut. Die Kühlung fand damals ausschließlich über fließendes Wasser statt, das man in Betonrinnen durch den Milchkeller führte. Auf der Alp Rischuna sind diese Betonrinnen aus den 50er Jahren noch vorhanden, auch wenn sie für ihren damaligen Zweck nicht mehr benötigt werden. Zahlreiche hölzerne Gebsen wurden hier nämlich gestapelt, um so die Abkühlung und Aufrahmung der Milch zu erreichen. Seit 1986 gibt es das alte Verfahren auf Rischuna nicht mehr. In zwei Edelstahlwannen kann nun die Milch gesammelt und gekühlt werden.

System Holzgebsen

Die früheren Gebsen sind Holzgefäße mit einem Boden und Seitenwandungen, bestehend aus leicht gewölbten Dauben, die unten über den Boden hinausragen. Die Gebsen werden mit Holzreifen zusammengehalten. Da sich diese Reifen am schnellsten abnützen, sieht man immer wieder auch Eisenreifen. Die Holzgebsen von Rischuna fassten 15 Liter. Sie wurden im Milchkeller auf Betonsockel gestellt und dann versetzt übereinander gestapelt. Auf den Gebsenlatten unter der Decke wurden die leeren, gewaschenen Gefäße aufbewahrt.

Ein Holzgefäß muss immer in Gebrauch sein, sonst trocknet es aus und wird leck. Das Reinigen der Milchgebsen war eine wichtige Aufgabe. War das Käsen und Zigern vorbei, reinigte man das Holzgeschirr in der heißen Schotte. Durch den täglichen Einsatz bildete sich auf dem Boden eine weißliche harte Schicht, der Milchstein. Alte Sennen legten großen Wert auf diesen Stein, der in ihren Augen Bakterien enthielt für eine gute Vorreifung der Milch zum Käsen. Kälteliebende Bakterien würden durch die heiße Schotte zerstört und das Fett würde auch gelöst werden. Auf der andern Seite könnten wärmeliebende Milchsäurebakterien im Milchstein immer überleben und so die Milch täglich impfen. «Das war immer unsere Kultur, wir brauchten weder Fläschchen noch Pülverchen und der Käs ist auch geraten» (Gion Vigeli Latuor, Senn auf Rischuna von 1925 bis 1938). Diese Annahme ist heute umstritten, da sich auch weniger günstige Bakterien im Milchstein vermehren könnten. Auch kann man heute unsere Käsequalität nicht mit der von früher vergleichen. Mit der Zeit ändern sich die Geschmäcker, und was damals als gut geratener Käse angepriesen wurde, darüber würden wir heute möglicherweise die Nase rümpfen.
Eines ist aber sicher: Mit dem Edelstahl-Zeitalter auf den Alpen und dem Zurückdrängen des Holzes hat sich die Bakterienlandschaft in den Sennereien geändert, so dass auch wir heute «Fläschchen und Pülverchen» benötigen, um schmackhaften Käse herstellen zu können.

Die Rache des Zwerglein

In einer Alphütte auf den grünen Weiden um das Lioson-Seelein hauste seit Menschengedenken ein Bergmännlein. Tag und Nacht half es den Sennen bei allen Hantierungen, zum Lohn erhielt es jeden Morgen und Abend ein Kacheli vom fettesten Nidel.
Eines Tages musste der Meistersenn ins Tal hinuntersteigen verschiedener Geschäfte willen. Als er aus der Hütte ging, wandte er sich noch einmal um und rief den Kühern zu: «Vergesst mir ja nicht dem Mannli sein Teil!» Dann ging der Alte.
Der Tag auf der Alp nahm seinen gewohnten Gang. Die Hirten besorgten das Vieh, die Sennen die Milch. Nach Feierabend saßen sie auf der Bank und plauderten. Vor dem Schlafengehen stach der Teufel einen der jüngsten Hirten, dass er zu einem seiner Gesellen sagte: «Was meinst du, wenn wir heute Abend nichts für das Mannli auf die Seite täten, hä? Was würde wohl geschehen?» Und so stellten sie ihm sein Kacheli nicht an den gewohnten Platz.
Spät in der Nacht kam der alte Meistersenn zurück. Kaum lag er auf dem Gaster, da hub ein heftiger Wind an zu wehen, und bald chutete und tutete der Sturm, als wollte die Welt untergehen. Die Hütte bebte, krachend bogen die Balken sich. Die Dachschindeln flogen wie dürre Blätter von dannen. Die alten Wettertannen krachten und gyrten. Der Wetterluft verhudelte ihnen die Wipfel und drehte die stärksten Äste ab dem Stamm.
Die Sennen lagen still und beteten. Einige weinten vor Angst. Und als der Lärm am tollsten war, da hörte der Alte aus dem Sturm eine Stimme rufen: «Pierrot, Pierrot, steh auf! Steh auf! Schleif Messer und Beil und schind und schänd!»
Dann legte sich das Wetter ebenso plötzlich, wie es losgebrochen war. Alles war still und der erste Tag schimmerte. «Wo sind die Kühe?», schrie der Meister und stürzte hinaus vor die Hütte. Keine Glocke tönte, kein Muhen, kein Geräusch erscholl. Die Herde war nicht mehr da. Der Alte lockte – ho loba, loba – es regte sich nichts. Die Sennen streiften nach allen Richtungen mit ihren Knotenstöcken; aber nirgends war eine Spur von der Herde zu finden. Fluchend kam einer nach dem anderen zurück. Nur der junge Hirte nicht. Er war von Halde zu Halde, von Fels zu Fels gestiegen, in Runsen und Tobel hinunter- und hinaufgeklettert. Er rief, lockte – vergebens. Zu Tode erschöpft, mit zitternden Knien, ließ er sich ins Gras fallen. Da sieht er plötzlich neben sich im Boden die frischen Hufspuren. Er geht ihnen nach. Sie führen an den Rand eines gähnenden Abgrundes, und unten auf dem Grunde der Kluft sieht der Hirte die Herde, zerschmettert – ein blutiger Haufen. Und noch lange danach stieß der Geier dort nieder.
Seit jenem Tag ist das Bergmännlein auf Lioson nie mehr gesehen worden.

Die Butter

Wie jeden Morgen auch heute: Buttern. Vor dem Käsen buttern mit dem Rahm vom Vortag. Und die erste, die allererste Butter auf der Alp hat das besondere Etwas. Sie erinnert mich an die vielen Alpanfänge der letzten Jahre. Wenn das Butterfass läuft mit seinem Knattern und das monotone Geräusch in ein allmähliches Plätschern übergeht, als würde jemand Wäsche waschen, dann kommt es auf jede Umdrehung an. Schon ein paar Umdrehungen zu viel, und du kannst die Butter vergessen, dann ist sie nämlich überschlagen. Aber wenn der Zeitpunkt stimmt, und das bekommt man während des Sommers ins Blut, dann überkommt mich jedesmal wieder dieses seltsame Gefühl, ein Gefühl, wieder bei einem Wunder mitgewirkt zu haben. Ich schraube das Fass auf, langsam, feierlich, voller Spannung, und werde ganz andächtig. Oder ehrfürchtig? Ja, Ehrfurcht ist der bessere Ausdruck für diesen Moment. Immer wieder ist es ein Wunder für mich, wenn ich die Butterstückchen auf der Buttermilch schwimmen sehe. Dann nehme ich dieses Wunder in die Hand, es ist weich, leicht, zart, flockig … es riecht so herrlich. Ich stecke es in den Mund, leg's auf die Zunge, schließe die Augen und … ja, das ist Alp, das ist Alpanfang, Neubeginn, ein Dreimonatsjahr beginnt von Neuem.
Dieses Wunder bedeutet mir sehr viel, das Erlebnis gräbt sich tief ein in mir, jedes Jahr. Diese Butter, sie ist das Gold der Berge, unser Gold, das Gold der Älpler, sie ist weit mehr als die Summe der einzelnen Milchfettbestandteile und weit mehr, als es ein Milchfachmann einem beibringen könnte.
Und dieses Gold, es wird sich in den nächsten Tagen noch verändern, es wird noch einmal schmackhafter, würziger, feinwürziger, dass es einen fast umhaut, wenn man versucht, sich hineinzudenken, sich hineinzufühlen in die eigenen Empfindungszellen. Wenn die Kühe dann an die obersten Grenzen steigen, bis wo die Weiden der Schafe beginnen und die zartesten Pflanzen wachsen, seltene Kräuter, gelber Wundklee, Silbermantel, feinste Gräser oder Muttern, das so ähnlich schmeckt wie Petersilie, und wo die Kühe nur eine Kappe voll zu fressen brauchen, um satt zu werden …

Tagebuch

Alpengold

Kurz nach dem Alpaufzug, wenn die Weiden noch unbetreten und in voller junger Blütenpracht stehen und die Kühe ein buntes Potpourri von Blumen und Kräutern «serviert» bekommen, dann fließt Milch, viel Milch, so viel, dass man auf manchen Alpen sogar zweimal am Tag käsen muss. Viel Milch gibt viel Rahm, und viel Rahm gibt viel Butter. Auf den Alpen wird zu Beginn der Alpsaison am meisten Butter hergestellt. Die verschiedensten feinstofflichen Geschmackskomponenten der Blütenpflanzen finden sich

im Aroma des Fettes (Geschmacksträger) wieder, ein Aroma der längsten Sonnentage im Jahr. Manchmal denke ich, dass nur die Bienen, sie sind der Inbegriff für Fleiß und Wärme, das ebenfalls zu schätzen wissen. So wie die Bienen Tag für Tag ihre Blütenpollen heimfliegen, bringen uns die Kühe Tag für Tag ihr Alpengold zur Sennerei.

Buttern auf der Alp

In der Regel wird auf der Alp die Abendmilch gelagert und mit Wasser gekühlt. Jeden Morgen kommt sie zusammen mit der Morgenmilch ins Käsekessi. Zurück bleibt der Rahm, der sich während der Nacht langsam an der Oberfläche gesammelt hat. 24 Stunden später wird er in den Butterfässern aus Holz oder neuerdings auch aus Edelstahl zu Butter. Aus großen Butterklumpen entstehen handliche Formen. Das sieht leichter aus, als es ist, denn Butter darf niemals geknetet werden wie ein Hefeteig, sie soll mit den Handballen berührt und mit den Fingern gelenkt und kurz und kräftig, nicht schmierend, zusammengedrückt werden. Viele Flüche sind an kalten, einsamen Buttertischen schon über die Lippen gekommen, wenn die Finger steif wurden und die Gelenke schmerzten wegen stundenlanger gleicher Bewegungen unter kaltem Wasser. Manchmal war die Butter so weich, dass man sie leichter als Butteröl in Flaschen hätte abfüllen können. Und wenn das Fass einige Minuten zu lang lief und die Butter überschlagen war, konnte man die Buttermilch einfach nicht mehr herauskneten. Wie oft wurde das köstliche Gold schon verwünscht?

STIZUN DA LATG

Heute wird die Alpbutter vieler Alpen nicht an Weiterverarbeiter verkauft, denn die meisten Bäuerinnen und Bauern schätzen die besondere Qualität ihrer Butter. Sie sind überglücklich und stolz, wenn sie von der Alp Buttermodel zu 200 Gramm bekommen, eine gute Größe zum Verkaufen oder zum Tiefkühlen und für den späteren Genuss zum Sonntagsfrühstück.

Alpbutter als Industrieware

Wenn Alpbutter an Industriebetriebe verkauft wird, dann ist das für die meisten Älplerinnen und Älpler ein Frust. Man versucht auf der Alp beste Butter in Handarbeit herzustellen und muss sie in schwarze Plastikfolie verpacken. Für eine Großmolkerei ist das ziemlich bequem, sie erwärmen die Alpbutter zusammen mit der schwarzen Plastikfolie und können sie anschließend leicht herausfischen. Alpbutter ist zu wertvoll und viel zu schade, um industriell entwertet zu werden.

Kulturgeschichtliches

Das Wort «Anke» stammt ab vom althochdeutschen «Anche», das wiederum seinen Ursprung hat im lateinischen Wort «unguentum», was «Salbe» bedeutet. «Butter» soll aus dem griechischen «bourupov» um das 10. Jahrhundert ins Deutsche eingebürgert worden sein.
Von «Schmalz» wird überall dort gesprochen, wo man es gewohnt war, Butter zur längeren Haltbarmachung einzuschmelzen. Während man in den nördlichen Ländern (z.B. in Skandinavien) Butter auch mit Salz haltbar machte, war in den Alpenländern das Einsieden weit verbreitet.

Zur Geschichte der Butter

Die Kulturgeschichte der Butter geht weit in die Vergangenheit zurück. Es ist anzunehmen, dass die Menschen, seit sie Kühe zur Milchgewinnung hielten, Butter oder etwas Ähnliches kannten. Doch damals wurde Butter nicht als Nahrungsmittel auf das Brot geschmiert, sondern als Opfergabe gebraucht oder fand als Salbe in der Medizin Verwendung.
Aus dem 8. Jahrhundert ist uns bekannt, dass gesalzene Butter als haltbarer Schiffsproviant bei nordgermanischen Stämmen beliebt war.
Erst vom 10. Jahrhundert an, als sich die Städte in der Schweiz zu entwickeln begannen und die Klöster Kupferkessel anschafften, um sie den Bauern gegen Käse und Butter zu vermieten, blühte die Butterwirtschaft auf. Butter wurde zur Handelsware.

Frühes Buttern auf Grava und Rischuna

Gion Vigeli Latuor war von 1921 bis 1938 auf Rischuna und Grava als Hirt, Zusenn oder Senn und erinnert sich:
«Die Sennen sollten immer viel Butter machen. Sie wurde geknetet und in ein Fass gedrückt, um daraus runde Ster zu machen. Damals gab es kein Pergamentpapier. Wir sind in den Wald gegangen und haben Rinde von Fichten geholt, die wir um die runde Butter gelegt haben. Drei oder vier Butterrondellen wurden übereinandergestapelt.

Wer wenig Butter gemacht hatte, der war ein schlechter Senn und der wurde nicht mehr beschäftigt. Auf Grava brauchten sie 28 bis 29 Liter Milch für ein Kilo Butter. Zuletzt haben sie die Milch drei Tage aufgehoben, um den ganzen Rahm wegzubekommen. Die Milch war danach ganz blau und der Käse wurde Blaukäse genannt. Die Butter haben wir von Hand gedreht, zu zweit, zirka eine halbe Stunde lang. Wenn Bauern da waren, habe ich immer gesagt, sie sollen die Speckschwarten dalassen. Die haben wir für die Welle vom Butterfass gut nehmen können.»

Alpmueter

Einmal im Spätherbst ging ein Jäger in Laguz an einer Alphütte vorbei und hörte darin Geräusch und Getümmel, nicht anders, als wenn Senn und Beisenn im Hochsommer vollauf an der Arbeit sind. Da wurden Brenten gebrüht, Kessel gefegt, Kuhketten herumgeworfen, dass es klang und klirrte. Der Gwunder stach den Weidmann, und er ging und schaute durch ein Astloch in die Alphütte hinein. Da sah er die leibhaftige Alpmutter: Ein altes, buckliges Weiblein stand am Herde, eifrig mit Kochen beschäftigt. Rings um den Herd herum tanzte eine Schar sonderbarer Tierlein, das eine ein Salzbüchslein, das andere eine Kochkelle, dieses einen Seihwisch, jenes ein Messer in den Vorderpfoten haltend. Eines der hüpfenden kleinen Geschöpfe trug nichts in den Pfoten. Dem wendete sich plötzlich das Weiblein zu und schnarzte: «Hans-Chäsperli, chotz mer Schmalz!» Und siehe da, das Hans-Chäsperli erbrach Schmalz in Hülle und Fülle. Dem Jäger aber sprang die schwarze Angst in den Nacken, und er lief, dass ihm das Herz im Halse schlug.

Der Ziger

Woher der Name «Ziger» kommt, ist nicht eindeutig geklärt. In Lothringen heißt er «Schigré», in Frankreich «Séret», im Wallis «Sérac» und in der romanischen Sprache «Tschigrun».

Geschichtliches

Bis zum 15. Jahrhundert kannte man auf den Alpen die Sauerkäserei. Die gesamte Milch wurde durch Säure gebrochen. Die Sennen gewannen einen recht fetten Ziger, nachdem die Milch nach 12 Stunden zur Butterherstellung abgerahmt war. Ziger soll damals das bekannteste Milcherzeugnis gewesen sein.
Die Labkäserei verdrängte am Ende des Mittelalters die Herstellung von fettem und halbfettem Sauerkäse. Die Namen Sauerkäse und Ziger wurden gleichbedeutend verwendet.
Von nun an wurde Ziger in der Regel nur noch aus Molke und Buttermilch gewonnen. Was noch übrigblieb, war eine grüngelbliche Flüssigkeit, die Schotte. Bis zum Ende des 18. Jahrhunderts war sie ein häufiges Getränk der Älpler. Das Milchgeschirr war damals aus Holz. Mit heißer Schotte konnten sämtliche Gerätschaften der Alp nach dem Zigern gereinigt werden.
Die Schotte ist weitgehend fettfrei und eignete sich bestens zu diesem Zweck, bevor sie den Schweinen verfüttert wurde. Hier war sie als Energie- (Milchzucker) und Mineralstofflieferant sehr wertvoll.

Alte Satzungen aus dem 17. Jahrhundert geben Zeugnis ab von der Zigerherstellung. Dort wurde festgehalten, dass ein Hüttenmeister als Lohn Butter und Ziger erhalten sollte. «Mehr hat er für sein Lohn ein Ster Schmaltz und ein Ziger.»
Noch um 1900 wurde den Hüttenmeistern Ziger als Lohn angeboten. «Dazu bekommt er aus der Hütte 12 Kilo Ziger», heißt es in einer Quelle von 1907. Das Personal wurde damals zusätzlich zum Lohn mit Ziger entschädigt.

Zigern braucht Erfahrung

Die Sennen hatten früher viel Erfahrung beim Zigern, es gehörte zu ihrer täglichen Arbeit.
Sie wussten genau, wie viel «Sauer» sie brauchten und wie sauer dieser sein musste, um die Molke im Kessi zu brechen. Heutzutage gerät das Zigern immer mehr in Vergessenheit, auch wegen des Energieaufwandes. Zu viele wertvolle Schutzwälder in den Alpen fielen der Herstellung von Ziger im 18. und 19. Jahrhundert zum Opfer.

Beim Sennenkurs am Plantahof wird den Teilnehmern heute das Zigern noch gelehrt, um dem «wilden Zigern» etwas entgegenzusetzen. Wildes Zigern ist die ungelenkte Eiweißausfällung aus Milch oder Molke mit Hilfe irgend einer Säure.

Wildes Zigern

«Manchmal mussten wir sogar nachts Holz holen. Bis 20. Juli haben wir zweimal käsen müssen, und wir haben immer Ziger gemacht. Das hat viel Holz gebraucht. 1925 mussten wir sogar bis zum 1. August zweimal käsen. Das Kessi hatte ja nur 400 Liter.
Um Sauer zu kriegen, haben wir Brennnesselwurzeln und Schulas, das sind große, saure Pflanzen, mit einer Schnur zusammengebunden und mit Molke überschüttet. Nach sieben bis zehn Tagen war dann alles so sauer, dass man zigern konnte. Ich musste einen Ziger pro Kuh machen, und jeder Ziger war fünf bis acht Kilogramm schwer.
Einmal, da hatten wir zu wenig Sauer, aber ich musste doch Ziger machen. Da haben wir Essig reingeleert, den wir oben hatten. Doch das hat nicht gereicht. Da habe ich den Buben gesagt, sie sollen Schotte aus dem Schweinetrog holen, und dann ist es gegangen» (Latuor, G. V., 1988).

Zigern mit dem «Sauer»

Der ehemalige Sennenkurslehrer Duosch Regi empfahl auch, käsereiuntaugliche Milch zu verzigern, da durch die hohen Temperaturen alles Leben in der Milch zerstört würde. Zigern ist ein physikalisch-chemischer, kein biologischer (lebendiger) Vorgang, deshalb ist Ziger kein Lebensmittel, sondern ein typisches Nahrungsmittel.

Zigern heute

400 Liter Molke werden direkt im Anschluss an das Käsen in einer großen Plastiktonne erhitzt. Unsere Energie ist Dampf aus dem Dampfkessi. Bei ca. 93 °C (Siedepunkt auf 2000 m Höhe!) geben wir unter starkem Rühren eine exakt abgemessene Menge Essigessenz hinzu.
Jetzt müssen wir warten. Die schäumende Oberfläche im Kessi zerreißt in zahllose Spalten, durch die sich langsam und gespenstisch weiße Eiweißflocken schieben, der Ziger.
Mit Schöpfkellen oder sogenannten Zigerkellen fischen wir die Eiweißgebilde aus der dampfenden, fettfreien Zigerschotte und füllen damit lange gelöcherte Formen.
Zwischen jede Lage frischen Zigers streuen wir Salz, Menge nach persönlichem Geschmack.
Solch ein dampfender frischer Ziger wird von den Bauern am meisten geschätzt, und wer gerade zugegen ist, versäumt es nicht, diese Köstlichkeit zu versuchen.
Nach 12 Stunden ist der Ziger in den Rohren kalt und fest, jetzt wird er in handliche Formen geschnitten und verpackt. Wenn die Bauern am Wochenende Butter holen, bekommt jeder von ihnen entsprechend der Kuhzahl Ziger.

Wie Sennen das Süßkäsen lernten

In alten Zeiten wussten die Sennen noch keinen süßen Käse zuzubereiten. Das verstanden nur die wilden Mannli, die Fänggen. Einmal war ein wildes Fänggenmannli gut Freund mit dem Senn auf dem Maiensäß von Schuders; es half ihm das Vieh hüten, melken und heuen. Und der Senn teilte mit ihm, was er selber hatte. Eines Abends sagte der Senn, morgen müsse er mit dem Anken zu den Seinigen ins Dorf hinuntergehen, und er bat das Mannli, es möchte doch für ihn das Vieh gaumen und käsen. Das gefiel dem Fänggen gar wohl, denn schon lange hätte er sich dem Senn gern dankbar erwiesen. Der Senn ging also ins Dorf, das Mannli machte sich ans Käsen. Wie erstaunte der Senn, als er abends heimgekehrt war und den Käse kostete, den das Fänggenmannli bereitet hatte. So süß und lind schmeckte der wie frische Butter und gelber war er als das Ei.
Gar zu gerne hätte nun der Senn gewusst, wie man solchen Käse mache, aber der Fängg wollte ihm sein Geheimnis um nichts in der Welt verraten. Da dachte der Senn: Nun, gut Ding will Weile haben, List ist allemal besser als Gewalt. Und als nach ein paar Wochen der Fängg wieder in die Hütte trat, sagte der Mann: «Du, jetzt kann i denn au süeß käsa.» – «Häst süeßa Käs gmacht, so häst au Maga gha», rief eifrig der Fängg. Nun hatte der Senn das Geheimnis ergründet. Und er tötete Gibeli, die Geiß, nahm den Magen und tat ihn in die Milch als Lab, so dass sie gerann, ohne mehr sauer zu werden. Und fortan machte er den besten süßen Käse. Als aber das Fänggenmannli die List merkte, da ward es dem Sennen gram und ist nie mehr zu ihm gekommen.

Der Käse

Sonnenschein und ein paar Wolken, optimal für Guraletsch. Es ist ein Uhr mittags. Ich bin mit den Kühen ganz oben hinten. Hier hat es noch so viel Futter. Ich bin ganz überwältigt. Uralte verwachsene Kuhweglein zeigen, dass hier früher geweidet wurde. Schade um das viele Futter. Etwas tiefer unten wuchern die Erlen, dann folgen Alpenrosen und Heidekraut. Und dazwischen, und vor allem ganz oben, gibt es schönstes und feinstes Gras. Ganz anders als auf der Halde, die nach Süden offen ist, wo der Boden trocken ist und auch viele Kräuter und Blumen wachsen. Hier ist der Boden eher nass, dunkel und sauer, und immer wieder diese hellgrünen Grasinseln dazwischen. Meine Tiere schlagen zu, sie futtern wie wild. Da ist fast keine Bewegung in der Herde, alle scheinen festgewurzelt zu sein, das Herdenbild verändert sich nur in Zeitlupe.
Urs ist mit mir heute Morgen nach oben gekommen und hat mir ein Plätzchen gezeigt, von wo wir um die 100 Gämsen beobachten konnten. Ein Gehüpfe und eine Unruhe war das, zackige Sprünge der Jungen, rasende Spielereien. Wir waren auf einem kleinen Grat, unter uns der wilde Haufen, so schön, so frei, so lebendig, hinter uns, getrennt durch den Grat, unsere Kühe, gezähmt, gezüchtet, zu Haustieren gemacht. Das Nebeneinander der beiden Herden, unbeschreiblich, was da in mir abgeht. Ich werde unendlich traurig, wenn ich sehe, wie wir in unserer Zeit mit unseren Mitgeschöpfen umgehen. Zusammenpferchen auf engstem Raum, abschneiden, was nicht wirtschaftlich ist, nicht wiederkäuergerecht füttern, sondern geldbeutelgerecht ... Urs und ich haben heute Morgen hier oben lange gefrühstückt, bevor er hinuntergestiegen ist zum Stallputzen. Der Käsekeller wird immer voller, hat er gesagt, es gibt viel Arbeit mit Schmieren, und hoffentlich reicht der Platz bis zum Ende der Alpzeit.

Tagebuch

Während unten im Tal über Rentabilität, Saisonalität, Spezialität und weitere ... täten hin und her diskutiert wird, machen wir hier oben auf der Alp einfach nur Käse. Aber so einfach ist das auch wieder nicht. Immer mehr Alpkäsereien verschwinden genau aus Gründen der verschiedenen ... täten. Im Käsekeller, beim Hüten oder Melken kreisen so viele Gedanken in meinem Kopf.
Käse ist eigentlich «nur» eine Haltbarmachung von Milch. Eine wunderbare Sache! Dass die daraus gewonnenen Produkte so köstlich und unterschiedlich schmecken können, ist Grund genug, für den Erhalt dieser Kultur zu kämpfen.
Und ein Kampf ist es allemal, jeden Tag von neuem, denn nicht jeder Tag ist gleich und auch nicht jede Milch. Wir reden in der Mehrzahl, von Milchen, abhängig vom Futter, den Launen der Älplerinnen und Älpler, dem Wetter, vom Melken ... Wenn wir all diese Komponenten zusammenbringen, entsteht ein einzigartiges kulinarisches Wunder.

G 230

... er muss raus

Ein neuer Tag, ein neuer Käse! Es ist 11 Uhr, Zeit, den Käse aus dem Kessi zu fischen. Ein wichtiger Augenblick für die Sennerin oder den Senn, denn sie entscheiden über das Wann. Mein Fingerspitzengefühl sagt mir, wann der Bruch den richtigen Griff hat. Nehme ich die Arbeit 10 Minuten zu früh in Angriff, verkleben die Bruchkörner die Tücher, warte ich zu lange, klebt oder wächst die Käsemasse nicht zusammen und der Bruch fällt auseinander.

Die Bedingungen sind jeden Tag anders, sie beeinflussen meine Entscheidung:

- verschiedene Anteile unterschiedlich lang gelagerter Milch und von Frischmilch im Kessi
- ein sich stets veränderndes Mikroklima in der Sennerei (Bakterien, Luftfeuchtigkeit, Temperatur)
- unterschiedliche Temperaturen und eine unterschiedliche Bakterientätigkeit während des Käsens
- mein nie gleiches Empfinden

Wenn die Bruchkörner bei der gleichen Rührgeschwindigkeit in einer ganz bestimmten Form an meine Handfläche stoßen, ein zusammengedrückter Bruchklumpen zwischen den Zähnen quietscht, ein anderer sich gut zusammendrücken lässt und man ihn anschließend wieder gleichmäßig verreiben kann, wenn, wenn, wenn ... dann muss er raus!

In Graubünden zum Beispiel haben die meisten Alpkäse einen Durchmesser von 27 cm, sind zwischen 7 und 10 cm hoch und wiegen zwischen 4 und 6 Kilo. Das Järbsystem ermöglichte unterschiedliche Durchmesser bei gleicher Höhe der Käselaibe. In der Regel gab es auf einer Alp nur Holzreifen gleicher Höhe, weil man so unter einem langen Pressbrett mehrere Käse unterbringen konnte. Heute wird das Järbsystem immer mehr vom Formensystem, in Verbindung mit dem Gesamtauszug, abgelöst. Diese Art wird vor allem in Talkäsereien zum System mit Bruchpumpen und Presswannen weiterentwickelt.

Das Järbsystem stirbt aus

Das Järbsystem mit Einzelauszug ist wegen der zunehmenden Schließung kleiner Alpen vom Aussterben bedroht und existiert bald nur noch in unserer Erinnerung. Hier ein kleiner Ausflug in diesen Teil alpwirtschaftlichen Kulturgutes.
Bevor wir den Käse aus dem Kessi nehmen können, müssen einige Vorbereitungen getroffen sein. Auf dem Presstisch und in seiner Nähe werden so viel Järbe zusammengebaut, wie für die verkäste Milchmenge benötigt werden. Bei 600 Liter Kessimilch braucht es 12 Järbe und doppelt so viele Tücher. Saubere Pressbretter, Presssteine, eine große Plastikplane, drei Wolldecken und ein Bögeli liegen bereit.
Eine Tuchlänge wird zwei- bis dreimal straff um das Bögeli gewickelt und die zwei anderen Tuchzipfel mit den Zähnen festgehalten. Inzwischen hat sich der Bruch nach einem

letzten kräftigen Aufrühren in der Kessimitte zu einem Kuchen abgesetzt. Davon wird nun genau so viel entnommen, wie für einen Käselaib benötigt wird. Das ist nicht einfach. Manchmal ist zu viel Käsebruch im Tuch, manchmal aber auch zu wenig. Das Tuch wird zusammengefasst, der Käse aus der Molke gezogen, kräftig um die senkrechte Achse gedreht und in die vorbereitete Form gebracht. Das Ausziehen der Käse muss sehr schnell vor sich gehen, sonst werden die letzten Käse zu trocken und halten nicht mehr zusammen.

Arbeiten an der Presse

Das Ausziehen vom ersten bis zum letzten Käse sollte nicht länger als 15 Minuten dauern. Rindenfehler, krumme Käse, Risse im Innern, einseitige Molkestauungen mit späteren Fehlern im Teig und in der Lochung sind meist die Folge von unsorgfältiger Arbeit an der Presse. Das erste Käsekehren sollte schon nach 15 Minuten mit in der Molke ausgewaschenen Tüchern geschehen, bevor alles mit Plastikplane und Wolldecken abgedeckt wird.
Die Käse bleiben 20 Stunden auf der Presse. In dieser Zeit wird der meiste Milchzucker in Milchsäure umgewandelt. Die Milchsäurebakterien brauchen ein warmes Klima, sonst arbeiten sie zu langsam. Der junge Käse macht eine erste Gärung durch, die Milchsäuregärung. Sie ist verantwortlich dafür, dass sich die Gefahr von Frühblähungen, verursacht durch Kolibakterien, vermindert.

Im Käsekeller

Auf den meisten Alpen sind die Käsekeller zu klein, wenn nicht in den letzten 20 Jahren neu gebaut oder umgebaut wurde. Es gab schon immer Spitzenkühe mit einer hohen Milchleistung von 20 bis 30 Liter Milch pro Tag, auch vor 100 Jahren schon, doch das waren Einzeltiere. Durch den Zuchtfortschritt in den letzten Jahrzehnten, der hauptsächlich durch die künstliche Besamung (KB) und besseres Futter erreicht wurde, gibt es heute flächendeckend Kühe mit einer Jahresmenge von 4000–5000 kg Milch.
Auf den Alpen wird mehr Milch gemolken als vor 50 bis 100 Jahren. Die Käsekessi sind oftmals zu klein, um die Tagesmilchmenge auf einmal zu verarbeiten. Auch in den Regalen in den Käsekellern ist zu wenig Platz, um die ganze Sommerproduktion lagern zu können. Auch auf der Alp Rischuna.
Im Jahre 1991 flog der Helikopter am 29. Juli Käse ins Tal. Zweimal musste er fliegen. Danach war im Käsekeller wieder Platz für weitere 200 Laibe von rund 7 kg.
Wir mussten uns Gedanken über die Lagerung machen. Reicht ein Umbau? Wie viele Käse können bei einem andern Lagersystem gelagert werden? Muss ein Anbau ins Auge gefasst werden?

Ein Käsekeller auf der Alp

Der Reifungsprozess wird durch spezielle Mikroorganismen beeinflusst, die wiederum nur unter bestimmten Bedingungen die günstigste Käsereife bewirken. Stimmen müssen Temperatur, Luftfeuchtigkeit, Durchlüftung und Kellergröße.
Die Klimabedingungen auf der Alp, die kurze Produktionszeit (100 Tage), die begrenzten finanziellen Mittel und mancherorts eine schwierige Erschließung haben in der Vergangenheit dazu geführt, dass beim Bau von Sennereien natürliche Gegebenheiten ausgenutzt worden sind, soweit dies möglich war. Für die Käselagerräume hieß dies, dass sie sonnenabgewandt und in den Berg hinein verlegt wurden.
Ein Käsekeller auf der Alp ist in der Regel gleichzeitig Vorreife-, Gär- und Lagerraum.

Vorreiferaum | bis 4 Wochen; 10–13 °C, 85%–90% effektive Luftfeuchtigkeit.
Die Reifung eines jungen Käses sollte langsam beginnen. Bei niedriger Luftfeuchtigkeit wird der junge Käse Feuchtigkeit abgeben.

Gärraum | 4.–8. Woche; 14–16 °C, 90% effektive Luftfeuchtigkeit. Die Stoffwechselaktivität der Mikroorganismen wird gesteigert, die Reifung (Gärung) wird beschleunigt und die Schmierebildung gefördert.

Lagerraum | nach 8 Wochen bis zur Alpentladung; 12–14 °C, 95% effektive Luftfeuchtigkeit. Die Aktivität der Mikroorganismen soll durch eine

niedrigere Temperatur gebremst werden. Eine hohe Luftfeuchtigkeit verhindert das Austrocknen der Käse und die Rissbildungen in der Rinde!

Alle drei Stadien der Käsereife sind zu gleicher Zeit im gleichen Raum – so sind die Bedingungen auf den meisten Alpen – nicht umsetzbar. Man muss Kompromisse machen. Gutes Personal ist in der Lage, Extreme auszugleichen.

Zu Beginn der Alpzeit sind die Käsekeller meist noch zu kalt, es herrscht kein Rotschmiereklima. Die Käse bleiben bleich, die samtene Weißschimmelbildung und der Rotschmiereansatz kommen nur langsam in Gang. «Unsere Alpkäse kommen schlecht in die Schmiere», heißt es dann. Mit viel heißem Wasser oder Dampf können die Käsekeller gleich am Alpanfang, noch bevor das Vieh aufgetrieben wird, etwas erwärmt werden. Fensterläden sollten bei niedrigen Nachttemperaturen geschlossen bleiben.
Im Juli und August steigen die Temperaturen bei entsprechender Wetterlage im Käsekeller über 16 °C. Das ist nicht gut für die erwünschte langsame Reifung. Mit kaltem Wasser und geschlossenen Fensterläden tagsüber kann das Problem gemildert werden.

Den Alpkäse pflegen

Einen Tag nach der Produktion werden die Käse aus den Formen genommen und 24 Stunden in den Käsekeller gelegt, damit sie auskühlen können. Dann kommen sie in ein Wasserbad mit einer Salzkonzentration von 20% (80 Liter Wasser und 20 kg Salz). Käselaibe unter 4,5 kg waren bei uns nur 16 Stunden im Salzbad, größere Laibe bis 8 kg 20 bis 24 Stunden. Flache Käse, die weniger als 8 cm hoch sind, dürfen nicht zu lange im Salzbad bleiben, sie werden sonst zu salzig! Jeden Abend, bevor wir schlafen gingen, wurden die Käse im Salzbad gewendet, damit sie das Salz möglichst gleichmäßig aufnehmen konnten.
Die Salzbadkonzentration: Der Alpkäse muss im Salzbad schwimmen, das heißt 5 bis 10 mm aus der Lake herausschauen. Kontrollieren lässt sich das mit einer Kartoffel, die sich gleich verhält wie der Käse.
Das Salzbad sollte 10–16 °C warm sein. Wenn es zu kalt ist, nimmt der Käse zu wenig Salz auf und es tritt auch zu wenig Molke aus dem noch jungen Käse aus. Wenn das Salzbad zu warm ist, besteht die Gefahr, dass eine Gärung einsetzt. Der Käse nimmt nonstop Salz auf, was die Rindenbildung beschleunigt und den Geschmack beeinflusst. Das Salz muss täglich in kleinen Mengen ersetzt werden. Eine zu niedrige Salzkonzentration bewirkt, dass der Käse Wasser aufnimmt und schwammig wird.

Alpbetriebshilfsdienst im Jahre 1993: Am 7. Juli erreicht mich ein Anruf. Zwei Leute auf der Alp Cavel wären «davongelaufen», die zwei zurückgebliebenen Älpler und die Alpgenossenschaft bräuchten dringend eine Aushilfe. Mein gerade laufender Einsatz auf einer anderen großen Alp dauerte noch bis zum 23. Juli. Einen Tag darauf machte ich mich auf zu meinem nächsten Einsatzort. Dort erwartete mich ein völlig überlasteter Senn ohne Großalperfahrung. Und wenn es an allen Ecken und Enden klemmt, bleibt in der Regel der Käsekeller auf der Strecke. Seit ich hier bin, verbringe ich jede freie Minute im Käsekeller. Ich möchte versuchen, den Schimmel zu vertreiben. Alle Farben wachsen auf den Laiben, Rot-Braun-Gelb-Gewächse, blaue Grauflächenrasen, schwarze Punktschimmel. Auf den ausgetrockneten Käserinden wuchern kleine blaue Blümchen. Ein Eldorado für Pilzkundler. Mit Salzwasser und der härtesten Bürste schrubbe ich alles weg, so gut es geht, es gibt gewaltig Staub. Kein Käsekellergeruch wie anderswo. Stattdessen mufflige Schimmelsporen, die mich in der Nase kitzeln. Der Senn gewinnt Gefallen an meiner Aktion und an den «wiedergeborenen» Käsen, er beginnt mir zu helfen, und zu zweit schaffen wir es, den Käsekeller wieder zu «richten».

Tagebuch Alp Cavel

Nach dem Salzbad kommen die nassen Käse auf saubere Holzbretter ins unterste Regal, wo sie abtropfen können.
In den ersten 8 Tagen werden die jungen Käse 4-mal mit einer Bürste trocken gesalzen. Dadurch wird die Rindenbildung gefördert und auch dem Schwarzschimmel entgegengewirkt, der sich sehr gern am Anfang der Alpzeit zeigt.
10 Tage nach Produktion beginnt das Schmieren der Käse. Wir nehmen stets ein paar alte Käse vom Vorjahr mit und beginnen auf ihnen mit dem Schmieren der jungen Käse. So erreichen wir, dass die neuen Käse schneller in die Rotschmiere kommen. Die Schmiere setzt sich aus frischer Molke und einem Schuss saurem Most zusammen. Die trockenen Oberseiten werden jeweils nicht gepflegt, damit die Käse nach dem Wenden nicht an den Brettern kleben.
4 bis 6 Wochen schmieren wir die Käse jeden zweiten oder dritten Tag, danach nur noch einmal pro Woche. Wie oft die Käse geschmiert werden müssen, ist abhängig vom Kellerklima. In zu trockenen und zu kalten Käsekellern muss für eine optimale Rotschmierebildung öfter geschmiert werden.

Wer den Käse nicht pflegt, ist den Käse nicht wert!

Eine Symphonie des Geschmacks

Nach drei bis vier Wochen kann der Käse angeschnitten werden, er hat aber noch kaum Geschmack; das Aroma entsteht erst mit der Zeit. Wie bei einem guten Wein ist jeder Laib Alpkäse Ausdruck vieler einzelner Komponenten, welche zusammenwirken und zusammenspielen. Er ist ein Spiegelbild von Landschaft, Futter und Tieren, die dort weiden. Bei unseren Alpkäsen darf die Milch selbst bei der Aromabildung noch mitwirken. Kenner stellen sehr schnell die Einzigartigkeit der Geschmacksausbildung fest. Eintönigkeit, Gleichheit und Leere sind bei unseren Alpkäsen fremd. Die Kombination von Futterqualität, Milchqualität, Kulturen, Reifezeit und dem «Schweiß» – das handwerkliche Können der Sennerin oder des Senns – entscheiden darüber, wie sich ein Laib Käse entwickelt. Jeder Laib Alpkäse ist ein Handwerkstück, unverwechselbar, lebendig in seinem Inneren. Er ist nicht vergleichbar mit Käse aus industrieller Produktion.

Molke und Schwein

Auf einer Kuhalp mit Sennereibetrieb werden Unmengen von Milch zu Butter und Käse verarbeitet. Dabei fällt Molke an, fast ebenso viel Molke wie Milch pro Alpsommer! Dieser Saft wird von den Schweinen gesoffen oder sollte gesoffen werden, denn dass dem nicht so ist, ist eine traurige Tatsache. Schließlich sollten heute nach Empfehlung des Kompetenzzentrums für Berglandwirtschaft 0,7 Schweine pro gealpte Kuh gehalten werden. Vielerorts sind es weniger als die Hälfte.

Vom Wert der Molke und der Alpschweine

Was ist es wert, wenn Schweine sich frei bewegen dürfen, als Weidetiere Gras fressen und wühlen dürfen mit ihren so empfindlichen Nasen, angewachsen wie kleine Pflugscharen? Was ist es wert, wenn sie wenigstens drei Monate ihres Lebens artgerecht gehalten werden, wenn sie Hitze, Kälte, Wind, Regen und Schnee auf ihrer Haut spüren dürfen? Ist es nicht auch ein Wert, dass Älplerinnen und Älpler sich daran erfreuen können (und auch Bauern und Besucher), dass Schweine so leben dürfen?
Die Molke besteht zur Hauptsache aus Wasser, Milchzucker, den Molkenproteinen Albumin und Globulin und Mineralstoffen. Schweine sind die besten Molkeverwerter, die es gibt. Man kennt die Klagen und Probleme der Kläranlagenbetreiber,

wenn sie Molke entsorgen müssen. Zusammen mit Getreideresten und Gras, Heu oder Stroh als Rohfasern ist sie bestes Schweinefutter.

Alpschweinehaltung

Es ist Zeit, der Alpschweinehaltung einen höheren Stellenwert zu geben. Wir sollten wegkommen von den Faktoren «immer schneller» und «immer größer». Es ist traurig, dass wir nur lernen, was sich rechnet, und dass nicht mehr gefragt ist, was richtig ist. Massentierhaltungen gerade bei Schweinen wären bestimmt nicht in diesem Ausmaß entstanden. Kleine Landwirtschaftsbetriebe standen auf der roten Liste, und dass mittlere Betriebe heute auf der roten Liste stehen, beobachten wir seit Jahren. Auch wenn das Berggebiet im europäischen Vergleich noch ein Eldorado für Kleinstbetriebe zu sein scheint, wird auch hier die Entwicklung zu immer weniger und dafür größeren Betrieben zeitverschoben stattfinden. Wollen wir das? Hier die Massenhaltung in geschlossenen Räumen, dort die Freilandhaltung in überschaubaren Einheiten, sollten uns zum Denken und Handeln anregen. Es werden Kriterien geschaffen für artgemäße oder artgerechte Tierhaltung. Bioverbände bemühen sich, in dieser Richtung etwas zu unternehmen. Und diese Kriterien gelten dann für das Lebewesen Tier, für unser Mitgeschöpf Tier und nicht für das Kilogramm Tier oder für das «Material» Tier. Ob ein Schwein dann 80 kg oder 100 kg wiegt, ist egal. Bezahlt wird für das ganze Tier Schwein eine vorher festgelegte Summe, nämlich genau so viel, was es kostet, dieses Schwein so zu halten.

Das Messer im Bein

Dem bekannten Geschichtensammler Arnold Büchli ist von der Alp Rischuna eine Geschichte zu Ohren gekommen, welche sich im Milchkeller abgespielt haben soll:

Die Alpknechte haben untereinander immer gesagt, es seien Geister auf der Alp Rischuna; nach der Alpentladung kämen tote Alpknechte, um «die verdreckte, gestohlene Milch» zu käsen. Ein Knecht, der das nicht glauben wollte, sagte sich: «Ich will es selber erproben und sehen, ob das wahr ist.» Er ist am Tag nach der Alpentladung in der Hütte zurückgeblieben und in der Nacht auf die Gebsenlatten geklettert und hat sich auf den Bauch gelegt, um alles sehen zu können. Gut, wie eine Weile der Nacht verstrichen ist, hat sich die Hüttentüre geöffnet, und drei, vier schwarze Männer sind hereingekommen und haben die Türe zum Milchkeller aufgemacht und sind hineingegangen. Einer hat rote, der andere weiße Milch herausgetragen. Und dann sagte einer: «Jetzt müssen wir auch Feuer machen.» Und er hat Wadel gemacht zum Anfeuern.

Wie er fertig ist mit dem Spänemachen, kommt er herüber unter die Gebsenlatten und sagt: «Ich tue mein Messer hierher.» Anstatt das Messer in die Latte zu stecken, hat er es dem, der auf den Gebsenlatten zuschaute, in den Oberschenkel gesteckt. Der dort oben hat keinen Mucks gemacht. Die schwarzen Männer haben dann die Milch gekäst und Käse gegessen hinter dem Tisch, bis es zum Lichtlöschen geläutet hat drunten in Vals. Und dann ist der Knecht von den Gebsenlatten heruntergekommen mit dem Messer im Oberschenkel. Er hat es herausziehen wollen, aber er hat es nicht herausgebracht, so viel er probierte, und er litt Schmerzen. Er hat nach Hause gehen müssen mit dem Messer im Bein. Kein Doktor konnte ihm helfen. Kurz, dann hat ihm eine alte Frau gesagt, er müsse Geduld haben bis über's Jahr. Vielleicht, dass die Schwarzen noch einmal in die Hütte kommen würden, um zu käsen, und dann brauchten sie das Messer wieder, um Wadel zu machen. Das hat der Knecht gemacht und ist im Herbst auf Rischuna gegangen am Abend nach der Alpentladung, ist auf die Gebsenlatten geklettert und hat gewartet. Und richtig sind die schwarzen Männer wieder in die Hütte gekommen, sind in den Keller gegangen, um Milch zu holen und haben angefeuert zum Käsen. Und der gleiche wie im Jahr zuvor sagt: «Ich habe hier mein Messer vergessen, ich will sehen, ob es noch in den Gebsenlatten steckt.» Und er kommt wieder herbei unter die Gebsenlatten und sagt: «Wahrhaftig, es ist da!» Und hat hinaufgelangt und das Messer dem auf den Gebsenlatten aus dem Oberschenkel gezogen. Das hat dem Knecht eine große Erleichterung gebracht, aber er hat ganz still bleiben müssen, bis es drunten in Vals Tag geläutet hat. Dann ist er von den Gebsenlatten heruntergekommen, befreit von dem Messer und von den Schmerzen, nachher hat man keine Wunde mehr gesehen.

Rezepte

Wildkräutersuppe

150–200 g mehlig kochende Kartoffeln
ca. 8 dl/800 ml Gemüsebrühe
200 g gemischte Wildkräuter: Brennnesseln, Labkraut, Leimkraut, Melde, Sauerampfer, Schaum-/Wiesenkraut, abgezupfte Blätter/Blättchen
1 dl/100 ml Rahm/Sahne
Salz
frisch gemahlener Pfeffer

1 dl/100 ml Schlagrahm/-sahne

1 | Kartoffeln schälen, in Würfel schneiden, in der Gemüsebrühe weichkochen. Abgezupfte Kräuter kurz mitkochen. Pürieren.
2 | Wildkräutersuppe mit Rahm aufkochen, kurz köcheln lassen, abschmecken.
3 | Wildkräutercremesuppe in vorgewärmten Tassen oder Tellern anrichten, mit Schlagrahm garnieren.

Brennnesseln | Mit Handschuhen zarte Blatttriebe (Spitzen) pflücken, Blätter von den Stielen zupfen.

Chamoson-Fendant-Suppe mit Käse

4 dl/400 ml Hühnerbrühe
2 dl/200 ml Fendant
2 dl/200 ml Rahm/Sahne
60 g Alpkäse, klein gewürfelt
evtl. Maisstärke zum Binden
Salz
frisch gemahlener weißer Pfeffer

Hühnerbrühe aufkochen, Fendant und Rahm zugeben, unter Rühren erhitzen. Käsewürfelchen unterrühren und schmelzen lassen, eventuell mit wenig mit Wasser angerührter Maisstärke binden, mit Salz und Pfeffer würzen.

Tipp | Mit getoastetem Brot servieren.

Abbildung

Rahmsuppe

40 g Butter
40 g geräucherte Speckwürfelchen
2 EL fein gewürfelte Schalotten
je 50 g Karotten- und Knollensellerie-
würfelchen (Brunoise)
50 g weißer Lauch, in Streifchen
½ l kräftige Fleischbrühe
2 dl/200 ml Rahm/Sahne
1 Eigelb
Salz
frisch gemahlener Pfeffer

1 Bund Schnittlauch,
fein geschnitten

1 | Speck in der Butter anbraten, Schalotten und Gemüse zugeben, ein paar Minuten dünsten, mit Fleischbrühe und der Hälfte des Rahms ablöschen, Suppe bei schwacher Hitze 20 Minuten köcheln lassen.
2 | Restlichen Rahm und Eigelb verrühren, zur Suppe geben, unter Rühren unter dem Kochpunkt binden. Vorsicht: Die Suppe darf nun nicht mehr kochen, weil sonst das Eigelb gerinnt. Rahmsuppe mit Salz und Pfeffer abschmecken.
3 | Suppe anrichten, mit dem Schnittlauch garnieren.

Abbildung

Cremesuppe von frischen Steinpilzen

1 EL Butter
1 Schalotte, fein gewürfelt
1 kleine Knoblauchzehe, fein gewürfelt
200 g Steinpilze, in Streifen
2 TL Maisstärke
1½ dl/150 ml Geflügelbrühe
½ l Rahm/Sahne
frisch gemahlener weißer Pfeffer
Salz
wenig Zitronensaft

50 g Steinpilze, in Scheiben

glattblättrige Petersilie

1 | Schalotten und Knoblauch in der Butter andünsten, Steinpilze kurz mitdünsten, mit der Maisstärke bestäuben und der Geflügelbrühe ablöschen, aufkochen, Suppe bei schwacher Hitze 10 Minuten köcheln lassen.
2 | Steinpilzscheiben in einer Grillpfanne beidseitig grillen.
3 | Suppe fein pürieren, passieren. Suppe wieder in die Pfanne geben. Rahm unterrühren, erhitzen, mit Salz, Pfeffer und Zitronensaft abschmecken.
4 | Steinpilzcremesuppe anrichten. Mit den gegrillten Steinpilzscheiben garnieren.

Marroni-Mais-Süppchen

120 g gedörrte Marroni
(ergibt 200 g eingeweichte Früchte)
50–75 g Maisgrieß
1½ l hausgemachte Gemüsebrühe
1 Lorbeerblatt
½ dl/50 ml Rahm/Sahne
frisch geriebene Muskatnuss
frisch gemahlener Pfeffer
Meersalz
1 dl/100 ml Rahm/Sahne

1 dl/100 ml Schlagrahm/-sahne
1 Bund Schnittlauch,
fein geschnitten

1 | Gedörrte Marroni über Nacht in viel kaltem Wasser einweichen. Eingeschlossene braune Häutchen und braune Stellen mit einem spitzen Messer entfernen.
2 | Marroni, Maisgrieß, Gemüsebrühe und Lorbeerblatt aufkochen, 1 Stunde bei schwacher Hitze köcheln lassen. Lorbeerblatt entfernen. Suppe pürieren.
3 | Marronisüppchen mit dem Rahm aufkochen und kurz köcheln lassen, mit Muskatnuss, Pfeffer und Salz würzen, mit ein wenig flüssigem Rahm verfeinern. Anrichten. Mit Schlagrahm und Schnittlauch garnieren.

Abbildung

Würzige Brotsuppe

200 g altbackenes Weißbrot
8 dl/800 ml Hühnerbrühe
2 dl/200 ml Weißwein
5 EL fein geriebener reifer Alpkäse
Salz
frisch gemahlener Pfeffer
1 Prise frisch geriebene Muskatnuss
2 EL kalt gepresstes Rapsöl

1 | Brot im Cutter oder Mixer fein reiben, in einer Bratpfanne unter Rühren hellgelb rösten.
2 | Hühnerbrühe aufkochen, geriebenes Brot unterrühren, bei schwacher Hitze etwa 20 Minuten köcheln lassen. Weißwein zugeben, Suppe dicklich einköcheln lassen. Pfanne von der Wärmequelle nehmen. Alpkäse unter die Brotsuppe rühren, mit Salz, Pfeffer und Muskatnuss abschmecken.
3 | Brotsuppe in vorgewärmten Suppentellern anrichten, mit Rapsöl beträufeln.

Gelberbssuppe

50 g getrocknete Gelberbsen

30 g Dörrbohnen

1½ l Wasser

200 g festkochende Kartoffeln, geschält, gewürfelt

300 g Weißkabis/-kohl, in Streifchen

200 g Karotten, geschält, in Scheiben

200 g Spinat

1 EL Mehl

2 EL Milch

Salz

frisch gemahlener Pfeffer

2 Eier

2 EL Rahm/Sahne

1 | Gelberbsen und Dörrbohnen über Nacht getrennt in kaltem Wasser einweichen. Das Einweichwasser weggießen.

2 | Gelberbsen und Dörrbohnen mit dem Wasser aufkochen, 30 bis 40 Minuten köcheln lassen, Kartoffeln, Kabis und Karotten zugeben, weitere 15 Minuten köcheln lassen, Spinat die letzten 5 Minuten mitkochen. Das Mehl mit der Milch glattrühren, Suppe damit binden, würzen.

3 | Eier und Rahm kräftig verquirlen, auf vorgewärmte Suppenteller verteilen, Suppe dazugeben. Sofort servieren.

Minestrone

2 EL Olivenöl extra vergine
1 mittelgroßer Lauch
1–2 mittelgroße Karotten
1 kleiner Kohlrabi
½ kleiner Knollensellerie
2 Frühlingszwiebeln mit Grün
1–2 mittelgroße festkochende Kartoffeln
1 dl/100 ml Weißwein
1½ l Gemüsebrühe
150 g Makkaroni
Salz
frisch gemahlener Pfeffer

1 | Beim Lauch grobfasrige Teile entfernen, Lauchstange in Scheiben schneiden. Karotten, Kohlrabi, Sellerie und Kartoffeln schälen, Karotten in Scheiben, Kohlrabi, Knollensellerie und Kartoffeln in Stäbchen oder Würfelchen schneiden. Zwiebeln in Ringe schneiden.
2 | Gemüse im Olivenöl andünsten, Kartoffeln, Weißwein und Gemüsebrühe zugeben, aufkochen, Suppe 20 bis 30 Minuten köcheln lassen. Makkaroni nach 15 Minuten zugeben und mitkochen. Würzen.

Abbildung

Karottensuppe

1 EL Bratbutter/Butterschmalz
1 große Speckschwarte
1 mittelgroße Zwiebel, fein gewürfelt
1 Knoblauchzehe, fein gewürfelt
wenig Knollensellerie
600 g Karotten
1 kleine mehligkochende Kartoffel
1 l Gemüsebrühe
1 Lorbeerblatt
2 Gewürznelken
1 Eigelb
2 EL Rahm/Sahne
Salz
frisch gemahlener Pfeffer

1 Bund Schnittlauch, fein geschnitten

1 | Sellerie, Karotten und Kartoffel schälen, in Würfelchen schneiden.
2 | Speckschwarte in der Bratbutter glasig werden lassen, Zwiebeln und Knoblauch darin andünsten, Karotten und Sellerie kurz mitdünsten, Kartoffeln zugeben, mit der Gemüsebrühe ablöschen, Lorbeerblatt und Gewürznelken zugeben, aufkochen, Gemüsesuppe bei schwacher Hitze köcheln lassen, bis das Gemüse und die Kartoffeln weich sind. Speckschwarte, Lorbeerblatt und Gewürznelken entfernen. Suppe pürieren.
3 | Karottensuppe aufkochen, Eigelb und Rahm unterrühren. Suppe nicht mehr kochen, in vorgewärmten Tellern oder Tassen anrichten.

Lauchsuppe

1–2 EL Butter
300 g Lauch
6 dl/600 ml Gemüsebrühe
1½ dl/150 ml Weißwein
1 Lorbeerblatt
Estragon
Salz
frisch gemahlener Pfeffer
Mehlbutter (halb Mehl/halb Butter verkneten), bei Bedarf

Schlagrahm/-sahne
Estragon für die Garnitur

1 | Grobfasrige Teile beim Lauch entfernen, Lauchstangen längs halbieren, Hälften quer in Streifen schneiden.
2 | Lauch in der Butter andünsten, Gemüsebrühe und Weißwein angießen, Lorbeerblatt zugeben, würzen, Suppe bei schwacher Hitze 20 Minuten köcheln lassen. Lorbeerblatt entfernen. Lauchsuppe pürieren, eventuell durch ein Sieb streichen.
3 | Suppe aufkochen, je nach Konsistenz mit Mehlbutter binden, die krümelig dazugerieben wird, oder mit Gemüsebrühe verdünnen. Abschmecken.
4 | Lauchcremesuppe in vorgewärmten Tellern oder Tassen anrichten, mit Schlagrahm und Estragon garnieren.

Bündner Gerstensuppe

2 EL Butter
1 kleine Zwiebel
1 kleine Karotte
wenig Knollensellerie
1 kleiner Lauch
20 g Rohschinkenwürfelchen
20 g Bündnerfleischwürfelchen
90 g Rollgerste
1,6 l Gemüsebrühe
1½ dl/150 ml Rahm/Sahne
Salz
frisch gemahlener Pfeffer
frisch geriebene Muskatnuss
1½ dl/150 ml Schlagrahm/-sahne

1 Bund Schnittlauch, fein geschnitten

1 | Zwiebel, Karotte und Sellerie schälen, klein würfeln. Lauch in Streifchen schneiden.
2 | Zwiebeln, Gemüse, Fleisch und Rollgerste in der Butter andünsten, mit der Gemüsebrühe ablöschen, aufkochen, Suppe bei schwacher Hitze 1 Stunde köcheln lassen. Je nach Konsistenz mit Wasser verdünnen. Den Rahm unterrühren, nochmals 10 Minuten köcheln lassen. Abschmecken mit Salz, Pfeffer und Muskatnuss. Schlagrahm unterziehen. Anrichten. Mit Schnittlauch garnieren. Sofort servieren.

Abbildung

Brennnesselsuppe

1 EL Butter
1 kleine Zwiebel, fein gewürfelt
250 g junge Brennnesselblätter
wenig Knollensellerie, geschält, klein gewürfelt
1 kleine Karotte, geschält, klein gewürfelt
1 große mehligkochende Kartoffel, geschält, gewürfelt
½ dl/50 ml Weißwein
1 l Gemüsebrühe
1 dl/100 ml Schlagrahm/-sahne
Salz
frisch gemahlener Pfeffer

1 | Zwiebeln und Brennnesseln in der Butter andünsten, Sellerie und Karotten mitdünsten, Kartoffeln zugeben, mit Weißwein und Gemüsebrühe ablöschen, aufkochen, Suppe köcheln lassen, bis das Gemüse und die Kartoffeln weich sind. Die Suppe pürieren.
2 | Brennnesselsuppe aufkochen, abschmecken, Schlagrahm unterziehen. In vorgewärmten Tassen oder Tellern anrichten.

Brennnesseln | Mit Handschuhen zarte Blatttriebe (Spitzen) pflücken. Junge Triebe mit Stiel verwenden, ältere Blätter von den Stielen zupfen.

Mehlsuppe

5 EL Weißmehl
60 g Butter
1 l Gemüsebrühe
½ dl/50 ml Rotwein
Salz
frisch gemahlener Pfeffer

2 EL Olivenöl extra vergine
1 große Zwiebel, in feinen Ringen

150 g geriebener Alpkäse

1 | Mehl unter Rühren bei starker Hitze braun rösten, ein wenig abkühlen lassen. Butter und Gemüsebrühe unterrühren, Suppe unter zeitweiligem Rühren 20 Minuten köcheln lassen. Rotwein kurz vor dem Servieren unterrühren, nochmals erhitzen, abschmecken.
2 | Zwiebelringe im Öl bräunen.
3 | Mehlsuppe in vorgewärmten Tellern oder Tassen anrichten, mit gerösteten Zwiebelstreifen bestreuen. Alpkäse darüberstreuen oder separat servieren.

Abbildung

Alpheusuppe in der Bischofsmütze

1 Bischofsmütze (Patisson)

1 Handvoll frisches Alpheu oder anderes Heu

8 dl/800 ml Gemüsebrühe

30 g Butter

40 g Weißmehl

1 dl/100 ml Weißwein

1 unbehandelte Zitrone, abgeriebene Schale und Saft

Salz

frisch gemahlener Pfeffer

1 Eigelb

1½ dl / 150 ml Rahm / Sahne

reichlich fein gehackte Kräuter

1 | Heu mit der Gemüsebrühe aufkochen, auf der ausgeschalteten Wärmequelle zugedeckt 15 Minuten ziehen lassen. Brühe durch ein feines Tuch passieren und auffangen.

2 | Der Bischofsmütze einen Deckel abschneiden, Fruchtfleisch mit dem Pariserlöffel oder einem Esslöffel sorgfältig herauslösen.

3 | Butter erwärmen, Mehl darin andünsten, Heubrühe unter Rühren zugeben, aufkochen, Patissonfleisch zugeben, bei schwacher Hitze köcheln lassen, bis der Kürbis weich ist. Suppe pürieren. Weißwein, Zitronensaft und Zitronenschale unterrühren, abschmecken mit Salz und Pfeffer. Eigelb und Rahm kräftig unterrühren. Suppe nicht mehr kochen.

4 | Suppe in der Bischofsmütze anrichten. Mit viel frischen Kräutern garnieren. Sofort servieren.

Tipp | Die Suppe kann auch kalt serviert werden – eine herrliche Delikatesse in der warmen Jahreszeit.

Grießsuppe

3 EL kalt gepresstes Rapsöl
2 große Karotten
1 großer Lauch
100 g Weizengrieß
1½ l Gemüsebrühe
frischer oder getrockneter Majoran
Salz
frisch gemahlener Pfeffer

Kürbiskernöl zum Beträufeln
4 EL trocken geröstete Kürbiskerne

1 | Karotten schälen und klein würfeln. Beim Lauch grobfasrige Teile entfernen, Stange längs halbieren, dann quer in feine Streifen schneiden.
2 | Karotten und Lauch im Rapsöl bei mäßiger Hitze andünsten, Grieß mitdünsten. Mit der Gemüsebrühe ablöschen, getrockneten Majoran zugeben (den frischen Majoran erst ganz am Schluss zugeben). Suppe 10 bis 15 Minuten köcheln lassen. Ab und zu rühren. Mit Salz und Pfeffer abschmecken.
3 | Grießsuppe anrichten und mit Kürbiskernöl beträufeln, mit frischem Majoran und Kürbiskernen garnieren.

Abbildung

Linsencremesuppe

1 EL kalt gepresstes Rapsöl
1 kleine Zwiebel, fein gewürfelt
1 Karotte
150 g rote Linsen
wenig frischer oder getrockneter Thymian
1 Prise Ingwerpulver
1 Msp Kurkuma
1 Msp Curry
1 Prise Muskatnuss
8 dl/800 ml Gemüsebrühe
1 dl/100 ml Rahm/Sahne
Kräutersalz
frisch gemahlener Pfeffer

Sprossen nach Belieben

1 | Karotte schälen und klein würfeln.
2 | Zwiebeln im Rapsöl bei mäßiger Hitze andünsten, Karotten und Linsen mitdünsten, Gewürze zugeben, mit der Gemüsebrühe ablöschen, aufkochen, Suppe köcheln lassen, bis die Linsen weich sind (die roten Linsen haben eine kurze Kochzeit). 2 bis 3 Esslöffel Linsen für die Einlage beiseite stellen. Linsensuppe pürieren.
3 | Suppe mit Rahm aufkochen und kurz köcheln lassen, abschmecken mit Kräutersalz und Pfeffer.
4 | Linsensuppe in vorgewärmten Tellern anrichten, Linsen dazugeben, mit Sprossen garnieren.

Reissuppe

für 4 bis 6 Personen

30 g Butter
1 große Zwiebel, fein gewürfelt
80 g Risottoreis
1,2 l Gemüsebrühe
2 Eier
400 g säuerlicher Joghurt
2 EL Weißmehl
Salz
frisch gemahlener Pfeffer
1–2 EL Zitronensaft

30 g Butter
1½ TL getrocknete Minze

1 | Zwiebeln in der Butter andünsten, Reis zugeben und mitdünsten, mit der Gemüsebrühe ablöschen, Suppe köcheln lassen, bis der Reis weich ist, etwa 30 Minuten. Die Pfanne von der Wärmequelle nehmen, Suppe etwas abkühlen lassen.

2 | Eier verquirlen, zuerst Joghurt und Mehl, dann 2 dl/200 ml der warmen Suppe unterrühren.

3 | Getrocknete Minze in der mäßig warmen Butter kurz schwenken.

4 | Joghurt-Eier-Mischung unter die Reissuppe rühren, bei mittlerer Hitze unter Rühren erhitzen, bis die Suppe dicklich ist. Die Suppe darf nicht kochen, sonst gerinnt sie. Mit Salz, Pfeffer und Zitronensaft abschmecken. Minze unterrühren.

Joghurt | Er darf ziemlich säuerlich sein, sonst etwas mehr Zitronensaft nehmen.

Formaggini mit Olivenöl und Balsamico

Kein Rezept, eher ein Serviervorschlag für die typischen Tessiner Käslein, die Formaggini. Kenner lieben sie eher reif, «stagionati», andere frisch.

An einem heißen Sommertag schmecken die Formaggini, mariniert mit einem guten Olivenöl und Aceto Balsamico oder Aceto rosso di uva americana, mit frisch gemahlenem schwarzem Pfeffer gewürzt einfach himmlisch. Dazu passen ein Pane Valle Maggia und etwas Rucola und sonnengereifte Tomaten. Eine himmlische, einfache Mahlzeit.

Abbildung

Schnelle Käse-Crostini «Valle Maggia»

4 Scheiben Ruchbrot

2 Formaggini stagionati
1 Stück Alpkäse, klein gewürfelt
1 EL gehackte glattblättrige Petersilie
frisch gemahlener Pfeffer
Olivenöl extra vergine
einige Salbeiblätter

1 | Backofen auf 220 bis 250 °C vorheizen.
2 | Formaggini zerdrücken, Alpkäse und Petersilie unterrühren, mit Pfeffer und wenig Olivenöl abschmecken. Brotscheiben auf ein Blech legen. Käsemischung auf den Brotscheiben verteilen, mit dem Salbei garnieren.
3 | Das Blech in der oberen Hälfte in den Backofen schieben, Crostini überbacken, bis der Käse geschmolzen ist.

Wildkräuter-Crostini mit Blüten

1 Baguette oder Weißbrot, in Scheiben
weiche Butter oder
Ziegen- oder Kuhmilchfrischkäse
grobkörniges Salz
Wildkräuter: Bärlauch, Sauerampfer, Schaumkraut, Brunnenkresse, Leimkraut-Triebspitzen, Bärenklau, Brennnessel
Blüten: Veilchen, Schlüsselblumen, wilde Stiefmütterchen

1 | Kräuter von den Stielen zupfen und hacken oder in Streifen schneiden.
2 | Brotscheiben im Backofen bei 220 °C leicht rösten.
3 | Butter oder Frischkäse mit Salz würzen, auf den Baguettescheiben verstreichen. Mit Kräutern belegen und mit Blüten garnieren.

Abbildung

Frischkäsebällchen im Blütenkleid

Ziegen- oder Kuhmilchfrischkäse
Kräuter wie Brunnenkresse, Bärenklau, Sauerampfer, Hederich, fein gehackt
Salz
Blüten von Gundelrebe, Ehrenpreis oder Thymian

1 | Frischkäse und Kräuter verrühren, mit Salz abschmecken.
2 | Kräuter-Frischkäse mit einem Esslöffel portionieren, Bällchen formen, in den Blüten wenden, sanft andrücken.

Plain in Pigna

700 g festkochende Kartoffeln
70 g Salsiz, klein gewürfelt
50 g Magerspeck, klein gewürfelt
1 EL Mehl
2 EL grober Maisgrieß
2 dl/200 ml Rahm/Sahne
Salz
frisch geriebene Muskatnuss

1 | Backofen auf 180 °C vorheizen.
2 | Eine Gratinform mit Butter einfetten.
3 | Kartoffeln schälen und auf der Röstiraffel reiben.
4 | Zutaten mischen, mit Salz und Muskatnuss würzen. Kartoffelmasse in die Form füllen (sie soll mindestens 3 cm hoch gefüllt sein).
5 | Plain in Pigna in der Mitte in den vorgeheizten Ofen schieben, bei 180 °C 1 Stunde backen.

Abbildung

Samedaner Knödel

20 g Butter
200 g geräucherter Speck, klein gewürfelt
200 g gekochter Schinken, klein gewürfelt
1 mittelgroße Zwiebel, fein gewürfelt
2 EL gehackte Petersilie
6 altbackene Brötchen oder
6 altbackene Weißbrotscheiben
4 dl/400 ml lauwarme Milch
3–4 Eier
4 EL Weißmehl
Salz
frisch gemahlener Pfeffer

Sauce
50 g Butter
¾ dl/75 ml Gemüsebrühe
1 Bund Schnittlauch, fein geschnitten

1 | Speck und Schinken in der Butter andünsten, Zwiebeln und Petersilie mitdünsten, erkalten lassen.
2 | Brot in der lauwarmen Milch einweichen, stehen lassen, bis es die Milch aufgenommen hat. Eier, Mehl und Fleisch unterrühren, würzen, eine kompakte Masse kneten. 30 Minuten ruhen lassen.
3 | Aus der Brotmasse 12 Kugeln formen.
4 | In einem großen Topf Salzwasser aufkochen, Knödel zugeben, bei schwacher Hitze etwa 7 Minuten garziehen lassen.
Wichtig: die Knödel dürfen nicht kochen.
5 | Für die Sauce Butter in der heißen Gemüsebrühe zergehen lassen, schaumig aufmixen, Schnittlauch zugeben.
6 | Knödel in vorgewärmten Tellern anrichten, mit der Sauce beträufeln

Silvaner Krautwickel

150 g Weißmehl

1 Prise Salz

½ dl/50 ml Milch

2 Eier

15 g Butter

je 25 g Magerspeck, Salsiz und Bündnerfleisch, klein gewürfelt

15 g Lauch, klein gewürfelt

25 g Zwiebeln, fein gewürfelt

fein gehackte frische Kräuter, z. B. Rosmarinnadeln, Petersilie und Basilikum

40 junge Stielmangoldblätter

1 EL Butter

2 dl/200 ml Gemüsebrühe

1 dl/100 ml Rahm/Sahne

40 g Rohschinken, in breiten Streifen

Käsespäne von Alpkäse

1 | Für den Teig Mehl und Prise Salz (nicht mehr, weil das Fleisch ziemlich salzig ist) in eine Schüssel geben. Milch und Eier verquirlen, nach und nach unter das Mehl rühren. Den Teig schlagen, bis er Blasen wirft. 30 Minuten zugedeckt ruhen lassen.

2 | Fleisch, Lauch und Zwiebeln in der Butter andünsten, Kräuter kurz mitdünsten, abkühlen lassen. Unter den Teig rühren.

3 | Mangoldblätter in einem großen Kochtopf in 4 Portionen in reichlich Wasser blanchieren, mit einem Schaumlöffel herausnehmen, in ein Sieb geben und mit kaltem Wasser abschrecken, Blätter auf ein Küchentuch legen, leicht trocken tupfen.

4 | Einen Kaffeelöffel der Teigmasse auf jedes Blatt geben, zu einem Päckchen einschlagen.

5 | Krautwickel in einer weiten Bratpfanne in der Butter auf beiden Seiten anbraten, mit Gemüsebrühe und Rahm ablöschen, bei schwacher Hitze zugedeckt 5 Minuten köcheln lassen.

6 | Rohschinken in einer Bratpfanne kurz braten.

7 | Krautwickel in vorgewärmten tiefen Tellern anrichten. Mit Rohschinken und Käsespänen garnieren.

Tatsch

300 g Weißmehl
3 dl/300 ml Milch
100 g flüssige Butter
5 Eier
Salz
frisch gemahlener Pfeffer

Butter zum Braten

luftgetrockneter Rohessspeck

1 | Mehl, Milch, flüssige Butter und Eier zu einem Teig rühren, mit Salz und Pfeffer würzen. Teig 30 Minuten ruhen lassen.
2 | In einer großen Bratpfanne reichlich Butter erhitzen. Den Teig in 4 Portionen in die Bratpfanne geben und bei mittlerer Hitze beidseitig goldgelb braten, insgesamt 5 bis 8 Minuten. Tatsch mit einem Holzlöffel in kleine Stücke teilen.
3 | Tatsch auf vorgewärmten Tellern anrichten. Mit dem Speck garnieren.

Abbildung

Käseschnitte mit pochiertem Ei

20 g Butter
4 Scheiben Brot

½ dl/50 ml Rahm/Sahne
½ dl/50 ml Weißwein
400 g Alpkäse, in dünnen Scheiben
2 Fleischtomaten

4 Eier
schwaches Essigwasser
Salz
frisch gemahlener Pfeffer

1 | Das Essigwasser aufkochen, die Eier einzeln in eine Tasse aufschlagen und in das Essigwasser gleiten lassen, etwa 3 Minuten pochieren. Mit dem Schaumlöffel herausnehmen und warm stellen.
2 | Stielansatz der Tomaten aussstechen, jede Tomate in 4 große Scheiben schneiden.
3 | Brotscheiben in der Bratpfanne in der Butter leicht bräunen, auf feuerfeste Teller legen. Rahm und Weißwein verrühren, die Hälfte über die gebräunten Brotscheiben träufeln. Käse und Tomatenscheiben darauflegen, im Ofen bei starker Oberhitze überbacken. Je ein pochiertes Ei darauflegen, restliche Rahm-Wein-Mischung darüberträufeln, mit Salz und Pfeffer würzen. Heiß servieren.

Zucchinirösti

500 g Zucchini
1 EL Salz
2 Eier
2 EL Mehl
2 EL geriebener Alpkäse
2 Frühlingszwiebeln, in feinen Ringen
1 Bund Schnittlauch, fein geschnitten
frisch gemahlener Pfeffer

Bratbutter

1 | Zucchini beidseitig kappen, auf der Röstiraffel reiben, mit dem Salz mischen, 5 Minuten ziehen lassen, in ein Sieb geben, von Hand ausdrücken.
2 | Eier verquirlen, zuerst Mehl und Käse unterrühren, dann Zwiebeln und Schnittlauch zugeben, würzen. Zucchini zufügen, gut vermengen.
3 | In einer nicht klebenden Bratpfanne 2 EL Bratbutter erhitzen, Zucchinimasse zufügen und zu einem Kuchen zusammenstoßen, bei mittlerer Hitze beidseitig goldbraun braten.

Maluns

800 g festkochende Kartoffeln
1 Ei
300 g Weißmehl
1 Prise Salz
1 Msp frisch geriebene Muskatnuss

250 g Butter

1 | Kartoffeln am Vortag in der Schale weich kochen.
2 | Kartoffeln schälen und auf der Röstiraffel reiben. Ei, Mehl, Salz und Muskatnuss mit den Kartoffeln mischen.
3 | Kartoffeln in zwei Portionen in einer Bratpfanne bei mittlerer Hitze braten, kräftig rühren, immer wieder wenig Butter zugeben. Bratzeit: 30 bis 40 Minuten.

Abbildung

Dinkel-Pizokel

Pizokelteig

150 g Dinkelweißmehl

150 g Dinkelruchmehl

3 Eier, verquirlt

evtl. wenig Wasser

Gemüse

50 g Speckwürfelchen

1 kleine Zwiebel, fein gehackt

600 g Wirz, in feinen Streifen

ca. 2 dl/200 ml Gemüsebrühe

1½ dl/150 ml Rahm

Salz

frisch gemahlener Pfeffer

100 g Alpkäse, frisch gerieben

1 | Für den Teig Mehl in eine Schüssel geben und eine Vertiefung formen, verquirlte Eier zugeben, zu einem weichen, elastischen Teig kneten. Bei Zimmertemperatur zugedeckt 30 Minuten ruhen lassen.

2 | Pizokelteig mit dem Nudelholz oder der Nudelmaschine portionsweise 2 bis 3 mm dünn ausrollen. Pizokel von etwa 1 cm x 5 cm Größe schneiden. Auf ein mit Mehl bestäubtes Küchentuch legen.

3 | Für das Gemüse Speck in der Bratpfanne anbraten, Zwiebeln und Wirz zugeben und andünsten, mit der Gemüsebrühe ablöschen, Gemüse knackig garen, Rahm unterrühren, kurz weiterköcheln, würzen.

4 | Pizokel im Salzwasser portionsweise 3 Minuten kochen, abgießen, warm stellen.

5 | Pizokel zum Gemüse geben, vorsichtig mischen, nach Belieben nachwürzen. Sofort auf vorgewärmten Tellern anrichten, mit dem Käse bestreuen.

Tessiner Klosterkuchen

für eine Gratinform von 24 cm Durchmesser

4 EL Olivenöl extra vergine

1 Zwiebel, fein gewürfelt

2 Knoblauchzehen, fein gewürfelt

20 g getrocknete Steinpilze

800 g Spinat oder halb Spinat/ halb Brennnesseln

2 EL gehackte Petersilie

120 g altbackenes Brot, gewürfelt

1 dl/100 ml Milch

3 Eier

50 g reifer Alpkäse, klein gewürfelt

frisch gemahlener Pfeffer

frisch geriebene Muskatnuss

100 g reifer Alpkäse, gerieben

1 | Steinpilze 10 Minuten in lauwarmem Wasser einweichen, ausdrücken und hacken. Brotwürfelchen in der Milch einweichen, mit einer Gabel zerpflücken.

2 | Spinat/Brennnesseln tropfnass in den Kochtopf geben und bei starker Hitze zusammenfallen lassen, in einem Sieb abtropfen und auskühlen lassen, fein hacken.

3 | Zwiebeln und Knoblauch im Olivenöl andünsten, Pilze mitdünsten, Spinat und Petersilie ebenfalls mitdünsten, Brot, verquirlte Eier und Käsewürfelchen mit der Spinat-Pilz-Masse vermengen, würzen. Spinatmasse in die eingefettete Form füllen, geriebenen Käse darüberstreuen.

4 | Klosterkuchen in der Mitte in den vorgeheizten Ofen schieben, bei 180 °C 40 bis 50 Minuten backen.

Pilzauflauf

4 EL Bratbutter
2 Knoblauchzehen, fein gewürfelt
900 g große braune Champignons
Kräutersalz
frisch gemahlener Pfeffer
2 TL getrocknete Kräuter

Guss
4 Eier
2 dl/200 ml Rahm/Sahne
100 g reifer Alpkäse, gerieben
Kräutersalz
frisch geriebene Muskatnuss

1 | Backofen auf 200 °C vorheizen. Die Gratinform mit Butter einfetten.
2 | Pilze je nach Größe ganz lassen, halbieren oder vierteln.
3 | Pilze mit Knoblauch in einer weiten Bratpfanne in der heißen Bratbutter kräftig andünsten, würzen mit Kräutersalz, Pfeffer und Kräutern, zugedeckt 5 Minuten dünsten, in die Form verteilen.
4 | Für den Guss Eier, Rahm und Käse gut verrühren, würzen, über die Pilze verteilen.
5 | Pilzauflauf auf mittlerer Schiene in den Ofen schieben und bei 200 °C 12 bis 15 Minuten backen.

Brennnesselknöpfli

400 g Weißmehl
3½ dl/350 ml Milch
3 Eier
Salz
frisch geriebene Muskatnuss
300 g Brennnesseln oder gemischte Wildkräuter wie Melde, Giersch, Beinwell, Vogelmiere, Franzosenkraut
Butter
50 g geriebener Schabziger

1 | Wildkräuter waschen, im Dampf 3 Minuten blanchieren, abtropfen lassen, fein hacken.
2 | Mehl, Milch und Eier zu einem Teig rühren, mit Salz und Muskatnuss würzen, etwa 30 Minuten quellen lassen. Wildkräuter unterrühren.
3 | In einem großen Kochtopf reichlich Salzwasser erhitzen, Teig portionsweise durch das Knöpflisieb ins kochende Wasser streichen, Knöpfli steigen lassen, mit einem Schaumlöffel herausnehmen und unter kaltem Wasser abschrecken.
4 | Brennnesselknöpfli vor dem Servieren in einer beschichteten Bratpfanne in der Butter schwenken. Anrichten. Mit dem Schabziger bestreuen.

Brennnesseln | Mit Handschuhen zarte Blatttriebe (Spitzen) pflücken, Blätter von den Stielen zupfen.

Abbildung

Chässchnitte nach Chäserart

für 1 Person

2 Scheiben Bauern-/Ruchbrot

ca. 1 dl/100 ml Weißwein
1 Knoblauchzehe
100 g grob geriebener Alpkäse
Paprikapluver oder
wenig grob gemahlener Pfeffer

1 | Backofen auf 230 °C vorheizen.
2 | Brotscheiben auf ein Backblech legen und mit Weißwein beträufeln, Knoblauchzehe daraufpressen und verteilen, Alpkäse darauf verteilen, mit Paprika würzen.
3 | Das Backblech in der Mitte in den Ofen schieben, Käseschnitte so lange backen, bis der Käse geschmolzen ist.

Älpler-Magronen

300–400 g festkochende Kartoffeln
150 g Magronen (Makkaroni)
200 g reifer Alpkäse, auf der Röstiraffel gerieben
100 g Butter
1–2 mittelgroße Zwiebeln
frisch gemahlener Pfeffer

Apfelschnitzchen
1 EL Butter
600 g Äpfel
1 Zimtstange
2 EL Birnendicksaft
1½ dl/150 ml vergorener Apfelsaft

1 | Äpfel schälen, vierteln und entkernen, Fruchtviertel in Schnitze schneiden, in der Butter andünsten, Zimt, Birnendicksaft und vergorenen Apfelsaft zugeben, Äpfel weichkochen, nicht zerfallen lassen.
2 | Kartoffeln schälen, in 2 cm große Würfelchen schneiden.
3 | Kartoffelwürfelchen und Magronen im Salzwassser weich garen, mit dem Schaumlöffel herausnehmen, mit Alpkäse lagenweise in eine vorgewärmte Schüssel füllen, warm stellen.
4 | Zwiebeln in Ringe schneiden und in der Butter braun braten, würzen, über die Magronen verteilen.

Tipp | Je nach Region wird dem Kochwasser ein Schuss Milch oder Rahm beigegeben.

Abbildung

Hirsegratin

30 g Butter
1 kleine Zwiebel, fein gewürfelt
1 Knoblauchzehe, durchgepresst
250 g Goldhirse
½ l Milch
½ l Gemüsebrühe
Salz
frisch geriebene Muskatnuss
frisch gemahlener Pfeffer
50 g Butter
50 g reifer Alpkäse, gerieben

fein gehobelter Alpkäse
4 gehäufte EL Schlagrahm/-sahne

1 | Zwiebeln und Knoblauch in der Butter andünsten, Goldhirse mitdünsten, Milch und Gemüsebrühe zugeben, unter Rühren aufkochen, Hirse bei schwacher Hitze 10 Minuten köcheln lassen, öfter rühren, würzen mit Salz, Muskatnuss und Pfeffer. Butter und Käse unterrühren. 15 Minuten zugedeckt quellen lassen.
2 | Den Backofen auf 220 °C vorheizen.
3 | Die Hirse in eine eingefettete Gratinform verteilen, gehobelten Alpkäse darüber verteilen, mit dem Schlagrahm überziehen.
4 | Die Form in der Mitte in den Ofen schieben, das Hirsegratin bei 220 °C kurz überbacken.

Abbildung

Linsen-Kartoffel-Gemüse-Eintopf

2 EL Bratbutter
3 Schalotten, klein gewürfelt
1 Knoblauchzehe, klein gewürfelt
2 EL Tomatenpüree
1 EL Mehl
250 g braune Linsen
1 dl/100 ml Rotwein
ca. 1 dl/100 ml schwache Gemüsebrühe
2 Lorbeerblätter
1 Thymianzweiglein
1 große Karotte
¼ Knollensellerie
2 mittelgroße festkochende Kartoffeln
Salz
frisch gemahlener Pfeffer

1 | Karotte, Sellerie und Kartoffeln schälen und würfeln.
2 | Schalotten und Knoblauch in der Bratbutter andünsten, Tomatenpüree und Mehl unterrühren und 1 bis 2 Minuten mitdünsten. Linsen, Rotwein, Gemüsebrühe, Lorbeerblätter und Thymianzweiglein zugeben, aufkochen, Eintopf bei schwacher Hitze köcheln lassen, bis die Linsen weich sind. Gemüse und Kartoffeln etwa 20 Minuten mitkochen. Lorbeer entfernen. Linseneintopf abschmecken.

Zigergnocchi mit Rucola und Tomaten

Gnocchi

400 g Ziger (Frischkäse)
200 g Hartweizendunst/-grieß
80 g reifer Alpkäse, gerieben
1 Ei
1 Prise Salz

300 g Kirschtomaten
1–2 Bund Basilikum oder Rucola
1 Stück reifer Alpkäse, gehobelt
grobes Salz
frisch gemahlener Pfeffer
4 EL Olivenöl extra vergine

1 | Alle Zutaten für die Gnocchi zusammenfügen, zu einem geschmeidigen Teig kneten. 30 Minuten zugedeckt ruhen lassen.

2 | Aus dem Teig auf der leicht bemehlten Arbeitsfläche Rollen von etwa 15 mm Durchmesser drehen, in 3 cm lange Stücke schneiden, mit dem Daumen eindrücken.

3 | Gnocchi in einem großen Topf in reichlich kochendem Salzwasser portionsweise ziehen lassen, bis sie an die Oberfläche steigen, mit einem Schaumlöffel herausnehmen, in eine vorgewärmte Schüssel füllen, warm stellen.

4 | Tomaten halbieren, Basilikum in Streifen schneiden.

5 | Tomaten, Kräuter und Käse über die Gnocchi verteilen, mit Salz und Pfeffer abschmecken, mit dem Olivenöl beträufeln.

Ofetoori – Kartoffelauflauf

600–800 g mehligkochende Kartoffeln
4 Eier
4 EL Rahm/Sahne
1–2 mittelgroße Zwiebeln, fein gewürfelt
400 g Alpkäse
50 g Speckwürfelchen
2 EL gehackte glattblättrige Petersilie
Meersalz
frisch gemahlener Pfeffer

Butter für die Form

1 | Kartoffeln in der Schale im Dampf weich garen, noch warm schälen und durch das Passevite drehen.
2 | Alpkäse auf der Röstiraffel reiben.
3 | Backofen auf 180 °C vorheizen.
4 | Eine Gratinform einfetten, Kartoffeln in der Form verteilen. Eier und Rahm verquirlen, Zwiebeln, Käse, Speck und Petersilie unterrühren, würzen, auf den Kartoffeln verteilen.
5 | Ofetoori in der Mitte in den Backofen schieben und bei 180 °C 45 bis 60 Minuten backen, je nach gewünschter Bräune.

Abbildung

Kartoffel-Zucchetti-Gratin

1 große Zucchetti, ca. 24 cm lang

800 g festkochende Kartoffeln
2 EL Butter
1 mittelgroße Zwiebel, fein gewürfelt
1 Handvoll Sauerampferblätter oder Gartenkräuter, fein geschnitten
2 dl/200 ml Rahm/Sahne
Salz
frisch gemahlener Pfeffer
100 g geriebener Alpkäse

1 | Kartoffeln in der Schale im Dampf knapp weich garen. Noch heiß schälen und in Scheiben schneiden.
2 | Zucchetti längs halbieren, großzügig aushöhlen. Das ausgehöhlte Zucchettifleisch klein hacken. Zucchettihälften im Dampf knapp weich garen.
3 | Zucchettihälften in eine eingefettete Gratinform legen, Kartoffelscheiben einfüllen.
4 | Backofen auf 220 °C vorheizen.
5 | Zwiebeln und Zucchettifleisch in der Butter anünsten, Sauerampfer und Rahm zugeben, mit Salz und Pfeffer würzen, über die Kartoffeln verteilen, Alpkäse darüberstreuen.
6 | Form in der Mitte in den Ofen schieben, Zucchetti bei 220 °C einige Minuten überbacken.

Kartoffelstock

1,2 kg mehligkochende Kartoffeln
2 dl/200 ml Rahm
Salz
frisch gemahlener Pfeffer
frisch geriebene Muskatnuss

Kartoffeln schälen und würfeln, im Dampf weichgaren. Noch heiß durch das Passevite in die Pfanne drehen. Ein Teil des Rahms unter die Kartoffeln rühren, den Kartoffelstock, unter Rühren erhitzen, nach und nach mehr Rahm zugeben, bis der Kartoffelstock die richtige Konsistenz hat, würzen.

Kartoffel-Wild-kräuter-Auflauf

600 g mehligkochende Kartoffeln
1 mittelgroße Zwiebel, in Streifen
2 EL Speckwürfelchen

Guss
4 Eier
1 dl/100 ml Rahm/Sahne
100 g gemischte Wildkräuter, z. B. Vogelmiere, Giersch, Brennnessel, Melde, Franzosenkraut, Leimkraut
50 g Alpkäse
Salz
frisch gemahlener Pfeffer
Butterflocken

1 | Kartoffeln in der Schale im Dampf weich garen, noch warm schälen und zerstoßen/zerstampfen, in eine mit Butter eingefettete Gratinform verteilen. Zwiebeln und Speck darüberstreuen.
2 | Wildkräuter gründlich waschen und im Dampf zusammenfallen lassen, hacken. Ganz junge Kräuter kann man auch roh hacken.
3 | Backofen auf 180 °C vorheizen.
4 | Für den Guss Eier und Rahm verquirlen, Alpkäse auf der Röstiraffel dazureiben, Kräuter zugeben, gut mischen, mit Salz und Pfeffer würzen. Den Guss über die Kartoffeln verteilen. Mit Butterflocken belegen.
5 | Kartoffel-Wildkräuter-Auflauf in der Mitte in den Backofen schieben und bei 180 °C 30 bis 40 Minuten backen.

Abbildung

Rösti traditionell

für 2 Personen

Bratbutter/Butterschmalz

600 g Gschwellti/Schalenkartoffeln vom Vortag

Salz

frisch gemahlener Pfeffer

1 große Zwiebel, fein gewürfelt

100 g rezenter Alpkäse

1 | Kartoffeln schälen und auf der Röstiraffel reiben, mit Salz und Pfeffer würzen. Zwiebeln untermischen.

2 | Alpkäse auf der Röstiraffel reiben, unter die Kartoffeln mischen.

3 | Rösti in 2 Portionen braten, entweder nacheinander in einer oder gleichzeitig in zwei Bratpfannen. Beschichtete Bratpfanne(n) ohne Bratbutter sehr heiß werden lassen, von der Wärmequelle nehmen. Temperatur auf mittlere Stufe zurückschalten. Reichlich Bratbutter in die Pfanne(n) geben, Kartoffelspäne zugeben, zu einem Kuchen zusammenstoßen. Bratpfanne(n) auf die Wärmequelle(n) stellen, Rösti langsam braun braten. Pfanne(n) häufig gut bewegen, damit die Rösti nicht anbrennt. Rösti wenden, indem man einen flachen und knapp in die Pfanne passenden Teller umgekehrt in die Pfanne legt und diese mit Schwung dreht. Rösti wieder in die Pfanne gleiten lassen und fertig braten.

Tipp | Mit Spiegelei servieren.

Reis-Lauch-Eintopf

1 EL Butter
1 mittelgroße Zwiebel, klein gewürfelt
2 Knoblauchzehen, klein gewürfelt
500 g Lauch
300 g Risottoreis
1 dl/100 ml Weißwein
7 dl/700 ml Gemüsebrühe
Salz
frisch gemahlener Pfeffer
100 g frisch geriebener Alpkäse

1 EL Butter
2 mittelgroße Zwiebeln, in feinen Scheiben
2 Estragonzweiglein, gehackt

1 | Grobfasrige Teile beim Lauch entfernen, den Lauch längs halbieren und quer in Streifen schneiden.
2 | Zwiebeln, Knoblauch und Lauch in der Butter andünsten, Reis zugeben und mitdünsten, mit Weißwein und ½ l heißer Gemüsebrühe ablöschen, aufkochen, Eintopf bei schwacher Hitze 15 Minuten köcheln lassen, restliche heiße Gemüsebrühe zugeben, weitere 10 Minuten köcheln lassen. Würzen.
3 | Zwiebelringe in der Butter hellbraun braten, Estragon untermischen.
4 | Käse unter den Reis-Lauch-Eintopf ruhren, mit den Zwiebelringen garnieren.

Abbildung

Kartoffelpitta

800 g festkochende Kartoffeln
200 g Kochspeck, gewürfelt
10 in Öl eingelegte getrocknete Tomaten, in Streifen
Salz
frisch gemahlener Pfeffer
frisch geriebene Muskatnuss
Paprikapulver
1 dl/100 ml Weißwein
2 dl/200 ml Rahm/Sahne
4 dl/400 ml Milch

1 | Kartoffeln schälen, die Hälfte in Scheiben schneiden, Rest auf der Röstiraffel reiben.
2 | Backofen auf 180 °C vorheizen.
3 | Kartoffeln, Speck und getrocknete Tomaten in der Gratinform mischen, würzen.
4 | Weißwein, Rahm und Milch verrühren, die Hälfte über die Kartoffeln gießen.
5 | Pitta in der Mitte in den Backofen schieben und bei 180 °C etwa 60 Minuten backen, restlichen Guss nach halber Backzeit darübergießen.

Schnitz und Drunder

2 EL Rohrohrzucker
200 g Dörräpfel
20 g Butter
2 dl/200 ml Einweichwasser
von den Äpfeln
600 g fest kochende Kartoffeln
Salz
frisch gemahlener Pfeffer

1 | Dörräpfel in eine Schüssel geben und mit lauwarmem Wasser bedecken, 2 bis 3 Stunden einweichen. Dörräpfel aus dem Wasser nehmen, ausdrücken. 2 dl Einweichwasser abmessen.
2 | Rohrohrzucker in einem Gusseisentopf bei mittlerer Hitze karamellisieren, Äpfel und Butter beigeben, mit Apfelwasser ablöschen, 20 Minuten köcheln lassen.
3 | Kartoffeln schälen, je nach Größe vierteln oder achteln, in den Topf geben, bei schwacher Hitze garen, bis die Kartoffeln weich sind. Mit Salz und Pfeffer würzen.

Abbildung

Wildkräuter-Frischkäse-Soufflé

für 6 Portionenförmchen

200 g Wildkräuter, z. B. junge Triebspitzen
von Brennnesseln, Giersch, Melde,
Franzosenkraut, Portulak, Fuchsschwanz
2 Eier
1 dl/100 ml Rahm/Sahne
100 g Ziegen- oder Kuhmilchfrischkäse (Ziger)
Kräutersalz
frisch gemahlener Pfeffer

Sauerrahm/saure Sahne für die Garnitur

1 | Ofen auf 200 °C vorheizen. Souffléförmchen mit Butter einfetten.
2 | Kräuter gründlich waschen. Nicht mehr ganz junge Kräuter von den Stielen zupfen. Im Dampf 3 bis 4 Minuten garen.
3 | Eier, Rahm und Ziegenfrischkäse im Mixer verquirlen, Wildkräuter zugeben und fein mixen, mit Salz und Pfeffer abschmecken. Masse in die vorbereiteten Förmchen füllen.
4 | Souffléförmchen in der Mitte in den Ofen schieben, Soufflés bei 200 °C 20 bis 25 Minuten backen. Nadelprobe machen.

Variante | Etwas weniger intensiv wird der Wildkräutergeschmack, wenn man nur 120–150 g Kräuter nimmt.

Wildkräuter-Nudeln

300 g breite Nudeln mit Ei
1 große Handvoll Leimkraut-Triebspitzen
1 große Handvoll sehr junge Brennnessel-Triebspitzen
50 g geriebener Schabziger
frisch gemahlener Pfeffer

Olivenöl extra vergine
Blüten von Knoblauchrauke

1 | Nudeln in reichlich Salzwasser al dente kochen, 2 bis 3 Minuten vor Ende der Garzeit Wildkräuter zugeben. Topfinhalt abgießen, Kochwasser auffangen, für eine gehaltvolle Suppe verwenden.
2 | Eine große Schüssel mit heißem Wasser erwärmen, Nudeln und Schabziger in die Schüssel geben und mischen, mit Pfeffer abschmecken.
3 | Wildkräuter-Nudeln anrichten, Olivenöl darüberträufeln, mit Blüten garnieren.

Kräuter | Leimkraut durch Giersch ersetzen.

Wildkräuter-Kartoffel-Omelett

6 Eier
1 dl/100 ml Rahm/Sahne
3 EL geriebener reifer Alpkäse
2 EL Speckwürfelchen, nach Belieben
4–5 EL Olivenöl extra vergine
2–3 kleine Zwiebeln, in feinen Scheiben
3 Handvoll (120 g) gemischte Wildkräuter, z. B. 80 g Vogelmiere-Triebspitzen, 20 g junge Brennnesselblätter, wenig junger Giersch und Melde
4 kleine gekochte Schalenkartoffeln, geschält, in Scheiben
frisch gemahlener Pfeffer
Kräutersalz

1 | Eier und Rahm verquirlen, Käse und Speck unterrühren, würzen.
2 | In einer weiten beschichteten Bratpfanne Zwiebelscheiben in 2 EL Öl langsam glasig dünsten, Wildkräuter unterrühren, zusammenfallen lassen, Eiermasse darübergießen, Kartoffelscheiben darauflegen, Eiermasse bei schwacher Hitze langsam stocken lassen. Omelett mit Hilfe eines Topfdeckels wenden, nochmals ein wenig Öl in die Bratpfanne geben, Omelett fertigbacken.

Tipp | Bei 8 Eiern wird das Omelett kompakter und kann leichter gewendet werden.

Abbildung

Süßmostcreme

2 Eier
50 g Zucker
1 gehäufter EL Maisstärke,
mit wenig Süßmost glatt gerührt
½ l Süßmost
1 unbehandelte Zitrone,
Saft und abgeriebene Schale
2 dl/200 ml Rahm/Sahne

1 | Eier, Zucker, Maisstärke und Süßmost in der Pfanne gut verrühren, unter Rühren aufkochen und die Creme unter dem Kochpunkt binden. Mostcreme in eine Schüssel füllen und unter zeitweiligem Rühren erkalten lassen. 1 bis 2 Stunden kühl stellen.
2 | Zitronensaft und wenig abgeriebene Zitronenschale unter die ausgekühlte Creme rühren. Rahm steif schlagen, einen Teil unter die Creme ziehen, den Rest für die Garnitur verwenden.

Abbildung

Schokolademousse

2 Eigelbe
1 EL Zucker
100 g Zartbitter-Schokolade
3 dl/300 ml kochendes Wasser
2 Eiweiß
1 Prise Salz
2 dl/200 ml Rahm/Sahne

1 | Eigelbe und Zucker zu einer cremigen, luftigen Masse rühren.
2 | Schokolade in Stücke brechen, in einem Schüsselchen mit heißem Wasser übergießen, stehen lassen, bis die Schokolade weich ist (mit Holzspießchen kontrollieren). Das Wasser vorsichtig abgießen, Schokolade unter das Eigelb rühren.
3 | Eiweiß und Prise Salz steif schlagen. Rahm steif schlagen. Eischnee und Schlagrahm abwechselnd unter die Schokomasse ziehen.
4 | Schokomousse auf Glasschalen oder Gläser verteilen. Kühl stellen. Die Schokomousse ist nach 2 bis 3 Stunden fest und servierbereit. Nach Belieben mit Schokospänen garnieren.

Holundergelee mit Marronischaum

für 4 bis 6 Personen

Gelee

4½ dl/450 ml Holunderbeersaft

1 knapper TL Agar-Agar-Pulver (Reformhaus/Bioladen)

2 dl/200 ml Rahm/Sahne

4 EL ungesüßtes Marronipüree

wenig Holunderbeersaft

1 | Holundersaft mit Agar-Agar-Pulver unter Rühren aufkochen, 5 Minuten köcheln lassen. Gläser zu drei Vierteln mit dem Holundersaft füllen, fest werden lassen.

2 | Rahm steif schlagen, Marronipüree unterziehen. Masse in einen Spritzbeutel mit sternförmiger Tülle füllen, auf das Holunderbeergelee spritzen. Mit ein wenig Holundersaft garnieren.

Holunderbeersaft | Holunderbeeren unterhalb der Dolden abschneiden (1½ kg Dolden ergeben etwa 1 kg Beeren). Holunderbeeren mit wenig Wasser (1 dl/100 ml je kg Beeren) aufkochen. Etwa 20 Minuten bei schwacher Hitze kochen. Ein Salatsieb mit einem Gaze- oder Küchentuch auslegen, auf eine Schüssel stellen. Holunderbeermus hineingießen und abtropfen lassen. Holunderbeersaft kochend heiß in vorgewärmte Flaschen mit Schraubverschluss füllen. Sofort verschließen.

Blütenhonig-Zabaione mit Beeren

3 Eigelbe
1 Ei
3 EL Blütenhonig
½ dl/50 ml Marsala
½ dl/50 ml Rotwein

100 g Himbeeren
100 g Heidelbeeren
1 dl/100 ml Rotwein

1 | Eigelbe, Ei, Honig, Marsala und Rotwein verrühren, über dem kochenden Wasserbad mit dem Schneebesen aufschlagen, bis die Masse ein fester Schaum ist.
2 | Beeren mit dem Rotwein aufkochen, auf Gläser verteilen, Zabaione daraufgießen. Rasch servieren.

Brotpudding

für 4 bis 6 Personen

15 Toast- oder Zopfscheiben
30 g Butter

90 g Sultaninen
40 ml Cognac

Guss
3 Eier
3 dl/300 ml Rahm/Sahne
3 dl/300 ml Milch
50 g Rohrohrzucker
20 g Vanillezucker
½ TL Zimtpulver

40 g Rohrohrzucker

1 | Backofen auf 180 °C vorheizen.
2 | Sultaninen im Cognac einweichen.
3 | Alle Zutaten für den Guss verquirlen.
4 | Toastbrotscheiben halbieren, mit der Butter bestreichen, ziegelartig in die eingefettete Gratinform legen, die Sultaninen dazwischenstreuen, Guss darübergießen. 10 Minuten ruhen lassen. Mit restlichem Zucker bestreuen. Form mit Alufolie verschließen.
5 | Den Brotpudding in der Mitte in den vorgeheizten Ofen schieben und bei 180 °C 20 Minuten backen. Alufolie entfernen, weitere 20 Minuten backen, bis die Masse fest ist.

Tipp | Mit einem Fruchtkompott servieren.

Abbildung

Dörrbirnen mit Zwetschgenparfait

Parfait

3 Eigelbe

3 EL Honig

½ Vanilleschote, aufgeschnitten, oder Vanillepulver

2–3 EL Zwetschgenwasser

130 g entsteinte Dörrzwetschgen

150 g Ziger (Frischkäse)

2 dl/200 ml Rahm/Sahne

Kompott

16 Dörrbirnen oder Dörrzwetschgen

½ l kräftiger Rotwein

1 Zimtstange

1 Orange, wenig abgeriebene Schale

4 EL Birnendicksaft

1 | Dörrfrüchte 6 Stunden in kaltem Wasser einweichen. Zwetschgen für das Parfait fein hacken.

2 | Für das Parfait Eigelbe, Honig, abgestreiftes Vanillemark und Zwetschgenwasser zu einer luftigen, cremigen Masse aufschlagen. Dörrzwetschgen und Ziger unterrühren. Rahm steif schlagen, unterziehen. In Portionenförmchen füllen. Mindestens 3 Stunden gefrieren lassen.

3 | Für das Kompott Wein, Zimt und Orangenschale aufkochen, Birnen ohne Einweichwasser zugeben, aufkochen, bei schwacher Hitze 35 bis 40 Minuten köcheln lassen. Mit Birnendicksaft abschmecken.

4 | Parfait 10 Minuten vor dem Servieren im Kühlschrank antauen lassen. Rand lösen, Köpfchen auf Teller stürzen, mit dem Dörrbirnenkompott umgeben.

Variante | Parfaitmasse nicht gefrieren lassen, sondern als Creme verwenden.

Zigerkuchen mit Himbeeren

für eine Form von 20 cm Durchmesser

4 Eier

150 g Blütenhonig

250 g Ziegen- oder Kuhmilchfrischkäse (Ziger)

180 g Sauerrahm/saure Sahne

100 g flüssige Butter

2 unbehandelte Zitronen, abgeriebene Schale

1 EL fein gehackte Zitronenmelissse

Himbeeren oder andere Beeren

Himbeergeist

Puderzucker

1 | Backofen auf 160 °C vorheizen. Backform mit Butter einfetten.

2 | Eigelbe und Honig zu einer luftigen, cremigen Masse aufschlagen. Ziger, Sauerrahm, flüssige Butter, Zitronenschale und Zitronenmelisse unterrühren. Eiweiß steif schlagen und unterheben.

3 | Zigerkuchen in der Mitte in den Ofen schieben und bei 160 °C etwa 50 Minuten backen. Nadelprobe machen. Auskühlen lassen.

4 | Beeren mit Himbeergeist und Puderzucker marinieren. Zigerkuchen damit garnieren.

Rhabarbergratin

100 g Petit Beurre

800 g Rhabarber
60 g Zucker
2 Eigelbe
2 dl/200 ml Rahm/Sahne
3 EL Zucker
2 Vanilleschoten, aufgeschnitten
2 TL Maisstärke
2 Eiweiß

1 | Rhabarber schälen und in 3 cm lange Stücke schneiden, mit Zucker unter Rühren kochen, bis er Saft zieht. Auf der ausgeschalteten Wärmequelle zugedeckt 5 Minuten ziehen lassen. Der Rhabarber darf nicht zerfallen.
2 | Backofen auf 220 °C vorheizen.
3 | Petit Beurre in die Form verteilen.
4 | Rahm und Eigelbe dickflüssig aufschlagen, Zucker, abgestreiftes Vanillemark und Maisstärke unterrühren. Eiweiß steif schlagen und unterziehen.
5 | Rhabarber samt Saft auf den Petit Beurre verteilen, mit der Creme überziehen.
6 | Das Rhabarbergratin auf der zweitobersten Schiene in den Ofen schieben, bei starker Hitze 2 bis 3 Minuten überbacken, bis die Haube leicht braun ist. Sofort servieren.

Kaffee Romana

200 g Ziger (Frischkäse)
1½ TL Instant-Kaffeepulver
1 EL Wasser
50 g Puderzucker
1 TL Vanillezucker
1 TL Kirsch
2 dl/200 ml Rahm/Sahne

Schokoladespäne für die Garnitur

1 | Kaffeepulver im Wasser auflösen, mit Puderzucker, Vanillezucker und Kirsch unter den Ziger rühren. Rahm steif schlagen und unterziehen.
2 | Kaffee-Frischkäse-Creme auf Dessertschalen oder Gläser verteilen. Mit Schokoladespänen garnieren.

Quarkauflauf mit Äpfeln

für 6–8 Personen

150 g weiche Butter

250 g Zucker

6 Eier

750 g Quark

6 EL Weizengrieß

3 TL phosphatfreies Backpulver

3 Msp Zimtpulver

2 Zitronen, Saft

3 dl/300 ml Rahm/Sahne

ca. 8 Äpfel

1 | Backofen auf 180 °C vorheizen. Gratinform mit Butter einfetten.

2 | Butter, Zucker und Eier mit dem Schneebesen oder in der Küchenmaschine dickflüssig aufschlagen. Quark, Grieß, Backpulver, Zimt, Zitronensaft und Rahm unterrühren. Äpfel schälen und auf der Röstiraffel dazureiben, mischen. Apfelmasse in die Form füllen

3 | Quarkauflauf in der Mitte in den Ofen schieben und bei 180 °C 30 bis 40 Minuten backen.

Tipp | Der Auflauf schmeckt heiß und lauwarm.

Kartoffel-Käse-Kuchen

für eine Form von 21 cm Durchmesser

400 g Kuchenteig

150 g festkochende Kartoffeln

70 g Räucherspeck, gewürfelt

70 g Lauch, gewürfelt

250 g reifer Alpkäse, in feinen Scheiben

1 Eigelb

Salz

frisch gemahlener Pfeffer

frisch geriebene Muskatnuss

1 | Kartoffeln schälen, in 5 mm dicke Scheiben schneiden. Im Dampf 2 bis 3 Minuten garen.

2 | Backofen auf 180 °C vorheizen.

3 | Speckwürfelchen in der Bratpfanne knusprig braten, Lauch zugeben und andünsten.

4 | Kuchenteig halbieren, eine Hälfte 3 mm dick ausrollen, die Teigrondelle soll die Form überlappen. In die eingefettete Form legen. Kartoffelscheiben auf den Teig legen, mit Salz, Pfeffer und Muskatnuss würzen. Speck-Lauch-Mix darauf verteilen. Mit den Alpkäsescheiben zudecken. Restlichen Teig auf Formgröße ausrollen, auf die Füllung legen. Rand mit dem mit wenig Wasser verdünnten Eigelb bepinseln. Teig vom Boden darüberlegen, andrücken. Den Teigdeckel mit Eigelb bepinseln. In den Deckel ein kleines Loch drücken, damit der Dampf entweichen kann.

5 | Kartoffel-Käse-Kuchen auf der zweituntersten Schiene in den Ofen schieben, bei 180 °C 30 Minuten backen.

Wildkräuter-Flammkuchen

1 rechteckig ausgerollter Pizzateig

180 g Sauerrahm/saure Sahne
180 g Ziger (Frischkäse)
Kräutersalz
frisch gemahlener Pfeffer
1 große rote Zwiebel, in feinen Ringen
50 g junger Giersch
2 EL Olivenöl extra vergine
100 g Speckwürfelchen

1 | Giersch eventuell entstielen, waschen, trocken schleudern, hacken. Giersch mit dem Olivenöl mischen.
2 | Backofen auf 230 °C vorheizen.
3 | Pizzateig auf den mit Olivenöl eingefetteten Blechrücken legen, mit Gabel regelmäßig einstechen. Sauerrahm darauf verstreichen. Ziger darüber verteilen, mit Kräutersalz und Pfeffer würzen. Zwiebeln daraufstreuen.
4 | Flammkuchen auf zweituntersten Schiene in den Ofen schieben und bei 230 °C 20 Minuten backen. Nach 12 Minuten Gierschpaste und Speck darauf verteilen.

Frischkäsequiche mit roten Zwiebeln

für ein Kuchenblech von 28 cm Durchmesser

300 g Blätterteig

3 Eier
1 dl/100 ml Rahm/Sahne
150 g Ziger (Frischkäse)
200 g Ziegenfrischkäse
Kräutersalz
frisch gemahlener Pfeffer
1 TL gehackte Rosmarinnadeln
1–2 EL Olivenöl extra vergine
4 rote Zwiebeln, in feinen Streifen
50 g Pancetta oder Speck, gewürfelt

1 | Backofen auf 200 °C vorheizen.
2 | Blätterteig ausrollen, in die Form legen, mit einer Gabel ein paar Mal einstechen.
3 | Eier verquirlen, Rahm, Ziger und Ziegenfrischkäse unterrühren, mit Kräutersalz und Pfeffer würzen, Rosmarin zufügen.
4 | Rote Zwiebeln im Olivenöl ein paar Minuten dünsten, abkühlen lassen, Pancetta unterrühren.
5 | Zwiebelmischung auf dem Teigboden verteilen, Guss darübergießen.
6 | Die Form auf der zweituntersten Schiene in den Backofen schieben, die Quiche bei 200 °C 30 Minuten backen.

Abbildung

Spinatkuchen

für ein Kuchenblech von 28 cm Durchmesser

Mürbeteig

250 g Weißmehl

½ TL Salz

100 g kalte Butterstückchen

½ dl/50 ml Weißwein

Belag

2 EL Olivenöl extra vergine

1 kleine Zwiebel, fein gewürfelt

1 Knoblauchzehe, fein gewürfelt

1 EL Mehl

800 g kleinblättriger Spinat

100 g Speckstreifen oder -würfelchen

Guss

2 Eier

2 dl/200 ml Rahm/Sahne

Salz, frisch gemahlener Pfeffer

frisch geriebene Muskatnuss

1 | Für den Teig Mehl und Salz mischen, Butterstückchen zufügen und mit dem Mehl krümelig reiben, Weißwein zugeben, zu einem Teig zusammenfügen, nicht kneten. Teig in Klarsichtfolie einwickeln, 1 Stunde kühl stellen.

2 | Für den Belag Zwiebeln und Knoblauch im Olivenöl andünsten, Mehl darüberstäuben und mitdünsten, Spinat zufügen und zusammenfallen lassen, in einem Sieb abtropfen und erkalten lassen.

3 | Mürbeteig 2 mm dick ausrollen, in die gut eingefettete Form legen.

4 | Backofen auf 220 °C vorheizen.

5 | Spinat auf dem Teigboden verteilen, mit Speck belegen, Guss darübergießen.

6 | Spinatkuchen auf der untersten Schiene in den Backofen schieben, bei 220 °C 25 bis 30 Minuten backen.

Kartoffel-Birnen-Kuchen

für ein Kuchenblech von 26–28 cm Durchmesser

1 Portion Mürbeteig, Seite 166

250 g Gschwellti/Schalenkartoffeln vom Vortag

250 g Birnen

100 g Alpkäse

1 große Zwiebel, fein gewürfelt

1 Knoblauchzehe, fein gewürfelt

1 Bund Petersilie, fein gehackt

einige Majoranzweiglein, fein gehackt

Guss

2 Eier

1 dl/100 ml Milch

1½ dl/150 ml Sauermilch

200 g Quark

1 Bund Schnittlauch, fein geschnitten

1 TL Salz, frisch gemahlener Pfeffer

frisch geriebene Muskatnuss

1 | Mürbeteig auf Formgröße ausrollen, in die gut eingefettete Form legen, kühl stellen.

2 | Backofen auf 220 °C vorheizen.

3 | Kartoffeln schälen, auf der Röstiraffel reiben. Birnen schälen, halbieren, Kerngehäuse ausstechen, Birnenhälften auf der Röstiraffel reiben. Alpkäse auf der Röstiraffel reiben.

4 | Guss zubereiten, Kartoffeln, Birnen, Alpkäse, Zwiebeln, Knoblauch und Kräuter zugeben, mischen. Auf dem Teigboden verteilen.

5 | Kartoffeln-Birnen-Kuchen auf der zweituntersten Schiene in den Ofen schieben und bei 220 °C 30 Minuten backen.

Zigerkrapfen

für 8 bis 10 Krapfen, je nach Größe der Teigrondellen

250 g Blätterteig
1 Eiweiß

Füllung
50 g Ziger (Frischkäse)
50 g geschälte geriebene Mandeln
1 unbehandelte Zitrone, wenig abgeriebene Schale und ½ EL Saft
50 g Zucker
2 EL Sultaninen
2 EL Rahm/Sahne
½ TL Zimtpulver

Frittieröl

1 | Die Zutaten für die Füllung verrühren.
2 | Blätterteig so dünn wie möglich ausrollen und Rondellen von 11 cm Durchmesser ausstechen. Auf jede Rondelle 2 TL Füllung geben. Teigrand mit wenig verquirltem Eiweiß bepinseln, zusammenklappen, Rand mit einer Gabel leicht andrücken.
3 | Zigerkrapfen im Öl portionsweise frittieren. Auf Haushaltpapier abtropfen lassen. Mit Zimt und Zucker servieren. Die Zigerkrapfen schmecken warm und kalt.

Schokolade-Rotwein-Cake

für eine Cakeform von 26 cm Länge

250 g weiche Butter
4 Eier
170 g Rohrohrzucker
1 Briefchen Vanillezucker
1 Msp Zimtpulver
1 TL Kakaopulver
280 g Dinkelweißmehl
1 Briefchen phosphatfreies Backpulver
100 g Zartbitter-Schokolade, 70 % Kakaoanteil, fein gehackt
3 EL grob gehackte Baum-/Walnusskerne
1½ dl/150 ml kräftiger Rotwein

1 | Backofen auf 180 °C vorheizen. Cakeform mit Butter einfetten.
2 | Grob gehackte Nüsse in einer Bratpfanne trocken rösten.
3 | Butter, Eigelbe und Zucker zu einer cremigen, luftigen Masse aufschlagen, Vanillezucker, Zimt und Kakao unterrühren. Mehl, Backpulver, Schokolade und Nüsse mischen, abwechselnd mit dem Rotwein unter die Eigelbmasse rühren. Das Eiweiß zu Schnee schlagen und unter den Teig ziehen. In die vorbereitete Form füllen.
4 | Schokolade-Rotwein-Cake in der Mitte in den Ofen schieben, bei 180 °C etwa 50 Minuten backen.

Abbildung

Luzerner Lebkuchen

für ein großes rundes hohes Backblech

2½ dl/250 ml Rahm/Sahne

3 dl/300 ml Birnendicksaft

½ dl/50 ml Kirsch oder Träsch

500 g Dinkelweißmehl

40 g grob gehackte Baum-/Walnusskerne

1 TL Lebkuchengewürz

je ½ TL Zimt- und Anispulver

je 1 Msp Muskat- und Nelkenpulver

1 Prise Salz

1 Briefchen phosphatfreies Backpulver

1½ dl/150 ml Milch

2–3 EL Birnendicksaft zum Bepinseln

1 | Backofen auf 180 °C vorheizen. Backblech mit Backpapier belegen.

2 | Rahm leicht schlagen, Birnendicksaft und Kirsch nach und nach unterrühren. Mehl, Nüsse, Gewürze, Salz und Backpulver mischen, abwechselnd mit der Milch unter die Rahm-Birnendicksaft-Mischung rühren. Teig auf das Blech häufen.

3 | Form in der Mitte in den Ofen schieben, Lebkuchen bei 180 °C 40 bis 45 Minuten backen. Nadelprobe machen. Noch warm mit Birnendicksaft bepinseln.

Tipp | Schmeckt wunderbar mit Schlagrahm, Sauerrahm oder Butter.

Früchtebrot

für eine Cake-/Kastenform von 30 cm Durchmesser

4 Eier
125 g Blütenhonig
175 g Vollkornmehl
1 TL phosphatfreies Backpulver
2 TL Zimtpulver
170 g grob geriebene oder gehackte Haselnüsse
200 g getrocknete Feigen, grob zerkleinert
370 g Rosinen
100 g Orangeat oder getrocknete Aprikosen, fein gewürfelt
120 g entsteinte Datteln, fein gehackt

1 | Backofen auf 160 °C vorheizen. Cakeform gut einfetten.
2 | Eier und Honig zu einer luftigen, cremigen Masse aufschlagen, mindestens 10 Minuten. Mehl, Backpulver und Zimt unterrühren, Nüsse und Früchte unterrühren. Teig in die Form füllen.
3 | Die Form in der Mitte in den Ofen schieben, Früchtebrot bei 160 °C 1 Stunde backen. Auskühlen lassen. Einige Tage eingepackt ruhen lassen.

Tessiner Brottorte

für eine Springform von 20 cm Durchmesser

200 g altbackenes Brot
½ l heiße Milch
1 Ei
80 g Honig, z. B. Kastanienhonig
½ unbehandelte Zitrone, abgeriebene Schale und Saft
2 EL Grappa oder Kirsch
1 EL Kakaopulver
50 g geriebene Mandeln
100 g Sultaninen
Orangeat oder Zitronat, nach Belieben
Pinienkerne oder gehackte Haselnüsse zum Bestreuen
Butterflocken

1 | Brot mit der kochenden Milch übergießen, stehen lassen, bis das Brot weich ist, mit einer Gabel zerpflücken.
2 | Backofen auf 180 °C vorheizen. Rand der Springform einfetten. Boden mit Backpapier belegen.
3 | Alle Zutaten zum Brot geben, mischen. Brotmasse in die Form füllen. Nüsse darüberstreuen, mit den Butterflocken belegen.
4 | Brottorte in der Mitte in den Ofen schieben und bei 180 °C 40 bis 50 Minuten backen.

Tipp | Die Brottorte einen Tag ruhen lassen, sie schmeckt dann noch besser und ist zudem saftiger.

Abbildung

Birnentorte

für eine Springform von 25 cm Durchmesser

Mürbeteig

250 g Weißmehl

1 TL phosphatfreies Backpulver

1 Prise Salz

1 unbehandelte Zitrone, abgeriebene Schale

125 g kalte Butterstückchen

75 g Zucker

1 Ei

Füllung

1 kg Birnen, vorzugsweise Williams-Birnen

1 Beutel Vanillepuddingpulver

3 Eier

75 g Zucker

180 g Sauerrahm/saure Sahne

1 | Birnen schälen, vierteln und entkernen, Birnenviertel im Zuckerwasser (50–100 g Zucker je Liter Wasser) bissfest garen. Früchte in einem Sieb abtropfen lassen, Saft auffangen. Erkaltete Birnen in kleine Stücke schneiden.

2 | Für den Mürbeteig Mehl, Backpulver, Salz und Zitronenschale mischen, mit Butterstückchen krümelig reiben, Zucker untermischen. Ei zugeben, zu einem Teig zusammenfügen. 30 Minuten zugedeckt kühl stellen.

3 | 5 dl Birnensaft und Vanillepulver zu einem Pudding kochen.

4 | Backofen auf 190 °C vorheizen.

5 | Mürbeteig auf Formgröße, inklusive 5 cm Rand, ausrollen, in die Form legen. Birnenstückchen auf den Teig verteilen. Vanillepudding darübergießen.

6 | Form auf der zweituntersten Schiene in den Backofen schieben und die Birnentorte bei 190 °C 35 Minuten backen.

7 | In der Zwischenzeit die Eier für die Füllung trennen. Eiweiß und Zucker steif schlagen. Eigelbe und Sauerrahm cremig rühren, die beiden Massen locker mischen, auf dem vorgebackenen Birnenkuchen verstreichen. Nochmals 25 Minuten backen.

Tipp | Birnentorte in der Form über Nacht ruhen lassen; sie wird so schön saftig.

Butter klären

Geklärte/eingesottene Butter hat ein unvergleichlich süßes, nussiges Aorma. Dazu muss die Butter sehr langsam erhitzt werden. Durch diesen Vorgang verdampft das in der Butter enthaltene Wasser und die festen Eiweißteilchen lösen sich (werden mit einem kleinen Sieb abgeschöpft). Zurück bleibt die goldgelbe geklärte Butter. Sie eignet sich vorzüglich zum Braten. Sie gibt Speisen ein köstliches Aroma. Bei kühler, dunkler Lagerung ist sie monatelang haltbar.

1 | Die Butter am besten im Gusseisentopf bei mittlerer Hitze aufkochen, dann bei kleinstmöglicher Hitze köcheln lassen. Schaum (zum Verfeinern von Gemüse-/ Getreidegerichten verwenden) immer wieder abschöpfen. Darauf achten, dass die Butter nicht anbrennt. Wenn man den Topfboden klar sehen kann, ist die Butter geklärt.
2 | Geklärte/eingesottene Butter in einen verschließbaren Topf oder ein braunes Joghurtglas füllen.

Zeit/Menge | 1 kg Butter ergibt in 30 Minuten 800 g geklärte/eingesottene Butter.

Frischkäse / Ziger

Am einfachsten ist die Herstellung von Käse mit gesäuerter Milch. Der so gewonnene Frischkäse schmilzt ausgezeichnet. Er kann warm und kalt gegessen werden.

für 300 g Frischkäse

2 l Milch
4 EL Zitronensaft oder
2 dl/200 ml Naturjoghurt (in wenig warmer Milch aufgelöst) oder
6 dl/600 ml saure Molke (vom Käsen übriggeblieben und 2 Tage alt)

1 | Ein Sieb mit zwei Baumwoll-/Mulltüchern auslegen. Das Sieb auf ein Gefäß stellen.
2 | Milch in einem großen Topf erhitzen. Sobald sie zu steigen beginnt, das Säuerungsmittel zugeben. Topf von der Wärmequelle nehmen. Die Trennung in grüne Molke und weichen Frischkäse passiert augenblicklich. Frischkäse in das vorbereitete Sieb geben, unter fließendem kaltem Wasser 30 Sekunden wässern. Den Käse auspressen, indem man die Tücher oben eng zusammendreht und so die restliche Flüssigkeit austreten kann. Für festeren Frischkäse wird ein Gewicht auf den in die Tücher eingeschlagenen Käse gelegt.

Sauermilch

1 | Milch in einem offenen Gefäß bei 27 bis 30 °C stehen lassen, bis sie dick ist. Der richtige Säuregrad ist erreicht, wenn sich eine gelbliche Haut gebildet hat.
2 | Die Sauermilch in verschließbaren Gläsern im Kühlschrank aufbewahren.

Joghurt

1 l Milch
1–2 EL Naturjoghurt

1 | Milch aufkochen, auf 43 bis 45 °C hinunterkühlen.
2 | Joghurt mit wenig warmer Milch verrühren, unter die Milch rühren.
3 | Den Joghurt in einen Krug oder in kleine Gläser mit Deckel füllen. Weil die Säuerung ein paar Stunden dauert und die Kultur schön warm haben sollte, empfiehlt es sich, Krug/Gläser in eine warme Decke einzuschlagen oder eine Isolierkiste aus Karton, ausgekleidet mit Filz oder Wolle, zu bauen. In dieser Zeit dürfen Krug/Gläser nicht bewegt werden.
4 | Der Joghurt ist nach 4 bis 8 Stunden fest und sollte dann rasch kühl gestellt werden, damit der Säuerungsprozess nicht weiter fortschreiten kann.

Autor

Martin Bienerth, 1957, dipl. Ingenieur-Agronom, ist Autor, freier Journalist und Bildjournalist zu den Themen Alpwirtschaft, Milchwirtschaft und Berglandwirtschaft.

Der Autor ist im Allgäu aufgewachsen. Nach Fachabitur, Zivildienst und einer einjährigen Reise durch Spanien hat ihn die Frage beschäftigt, wo unser Essen herkommt.
1981/82 besuchte er die Fachschule für Landwirtschaft in Leutkirch/Allgäu, wo er mit Fragen der Energiepolitik (Atomenergie), der Ökologie (biologischer Landbau), des Umweltschutzes (grüne Politik) und der Milch- und Alpwirtschaft konfrontiert wurde.

Milch, der Urstoff allen Lebens im Säugetierbereich (wir Menschen gehören auch dazu) weckte seine Neugier. Er ging dorthin, wo die Milch auch heute noch am ursprünglichsten gewonnen und verarbeitet wird, auf die Alp. Er war während zwanzig Sommersaisons (1982–2001) auf verschiedenen Schweizer Alpen. Hier lernte er Jungvieh, Schafe, Ziegen, Pferde und Schweine kennen. Seine Liebe blieb bei den Milchkühen hängen. Fragen zu Milchgewinnung, Milchverarbeitung und Milchqualität bestimmen seit dann sein Leben.

Er weiß, dass jede beantwortete Frage zwei neue nach sich zieht. Trotzdem hat er es gewagt, an der Gesamthochschule-Universität Kassel in Witzenhausen Landwirtschaft zu studieren mit den Schwerpunkten ökologischer Landbau und Tierhaltung. In seiner Studienzeit von 1983 bis 1990 schaffte er es leider nicht, die Worte Tierproduktion und Tiermaterial trotz ständiger Proteste aus den Vorlesungsräumen zu verbannen. Es war ihm aber vergönnt, in Professor Dr. Engelhardt Boehncke einen Uni-Menschen kennengelernt zu haben, der seinen Berufsweg gerade durch sein Menschsein maßgeblich beeinflusst hat. Mit seiner Diplomarbeit «Zur Geschichte und Entwicklung der Alpen Rinderberg, Grava und Rischuna» erhielt er einen vertieften Einblick in die Entwicklungsprozesse der Alpbewirtschaftung und der Berglandwirtschaft.

Die Vielfalt biologischer Wirtschaftsweisen lernte er in den 5 Jahren als EU-Inspektor im süddeutschen Raum kennen. Da war er ebenso mit den Auswüchsen der Bürokratie konfrontiert, die er vergeblich bekämpfte. Seinen Ärger über Paragraphen und Papier konnte er abbauen durch seine Arbeit als Waldarbeiter und den Versuch, journalistisch zu arbeiten.

Im Jahre 1997 gründete er den Alpsichtverlag www.alpsicht.ch mit dem Ziel, Postkarten mit einer anderen Sicht der Alpenwelt als Samen zu streuen, in der Hoffnung, dass nicht alles, was wirklich gut und sinnvoll ist, von den heutigen «Glücksbringern» aufgefressen wird.

Als ehemaliges Vorstandsmitglied des Bündner ÄlplerInnenvereins und als Mitglied in der Alp- und Milchwirtschaftskommission des Bündner Bauernverbandes lernte er die Seiten der Arbeitgeber und der Arbeitnehmer des Alplebens kennen. Beide Seiten verfügen seiner Meinung nach über ein zu geringes Wertebewusstsein für ihre Arbeit und ihre Produkte, weshalb er es immer noch als seine Aufgabe erachtet, an einem neuen Wertebewusstsein im Berggebiet zu arbeiten.

Seit 2001 ist er zusammen mit seiner Frau Maria Meyer Pächter der Sennerei in Andeer. In der Sennerei werden jährlich 400 000 Liter Milch von 5 Milchbauern verarbeitet und die daraus hergestellten Produkte vermarktet.
Das Ziel, die Dorfsennerei zu erhalten und so umzugestalten, dass sich daraus ein gesunder Gesamtbetrieb mit 6 Arbeitsplätzen entwickeln konnte, ist erreicht. Nun gilt es, diese Schätze zu bewahren.
www.sennerei-andeer.ch

Register

Alp

himmelhoch – erdenschön

Martin Bienerth

FARO